# 다문화 가족 미술치료의
# 이해와 적용

# 다문화 가족 미술치료의 이해와 적용

박신자 지음

# 머리말

세계는 국경 없는 이주민의 시대로 전환되고 있으며 한국사회도 세계화의 추세에 발맞추어 다문화, 다인종 세계로의 진입이 매우 빠른 속도로 진행되고 있다. 이 과정에서 다문화 이주민, 다문화 가족의 개인적·사회적 문제와 이에 대한 현안들이 시급한 상황으로 단일민족의 전통을 강조하는 우리 사회의 풍토에서 다문화적 인식을 가지고 이들을 이해하고 포용하는 태도를 가져야 할 것이다.

같은 맥락에서 다문화 가족이 안고 있는 현 문제에 대한 해결안이 요구되는바, 사회적 지원으로 그중 다문화 이주민, 다문화 가족을 심리적·정서적으로 지지하는 심리 상담과 기타 정신 건강의 지원은 다문화 가족의 의사소통 문제와 아울러 매우 중대한 현안이 될 것이다.

따라서 이 책에서 다루는 다문화 가족을 위한 미술치료는 구체적으로 그 지원의 한 방법론으로 이해 가능하며, 향후 다문화 가족 미술치료를 현장에서 적용해야 하는 분들에게 다문화 가족에 대한 이해와 그 현장 적용에 유용한 안내서가 되기를 희망한다.

이 책은 한국의 다문화 사회의 구성원인 다문화 가족을 위한 미술치료의 이해와 실제 적용을 위한 연구 지침서로 다문화 가족의 현황과 실태에 대한 이해와 그 지원책의 맥락에서 미술치료의 위치를 재고하고, 실제 현장에서 적용할 수 있는 다문화 가족 미술치료에 대해 아직은 이론이나 임상에서의 부족함을 느끼는 상황이나 최대한 그이해를 돕고 실제 미술치료 현장에서 유용하게 참조할 수 있도록 구성되었다.

　책의 구성은 다문화 가족에 대한 기본적인 이해와 현 실태, 이에 따른 문제점과 대책, 다문화 가족의 사회적 지원으로서 미술치료의 의미에 대해 제1장을 '다문화 가족의 이해'로 할애하였고, 미술치료의 기본적인 이해와 미술치료의 실제 진행에서 중요한 사안으로 미술치료의 정의와 역사, 미술치료의 기본적 이론, 미술치료의 매체인 미술재료의 의미와 종류와 속성, 이에 대한 미술치료 프로그램의 예를 들고, 미술치료의 실제 진행 시의 대략적 흐름과 방법과 미술치료의 형태에 대한 이해를 위해 제2장이 '미술치료의 이해'로, 제5장의 다문화 가족 미술치료 사례 대상자가 아동과 성인으로 구성되어 있어 이에 대한 각 발달특성과 미술치료 방향의 이해를 돕기 위해 제3장을 '아동과 성인의 발달 특성과 미술치료'로, 다문화 가족을 위한 미술치료의 의미와 실제 진행 시 미술치료의 방향이 되는 목표와 방법을 제시하기 위해 제4장을 '다문화 가족 미술치료의 접근'으로, 마지막으로 제5장은 다문화 가족 미술치료의 구체적 사례를 제시하여 실제 현장에서 다문화 가족 미술치료의 변별성 있는 적용을 위해 구체적으로 참조할 '다문화 이주여성의 집단미술치료 사례와 다문화 가족 자녀 개인미술치료 사례'로 할애하였다.

끝으로 이 책이 나오기까지 내담자 작품의 사용과 그 외 자료를 제공해 주신 숲미술심리클리닉과 한국조형예술심리학회, 기타 임상 기관에 감사드리고 무엇보다 책의 출판을 기꺼이 허락해 주신 한국학술정보(주)에 깊은 감사를 드린다.

2011년 9월

박신자

# 목차 CONTENTS

5      머리말

11     PART 01. 다문화 가족의 이해

13     1. 다문화 가족의 정의와 실태
21     2. 다문화 가족의 문제점과 대책
37     3. 다문화 가족 지원으로서 미술치료

39     PART 02. 미술치료의 이해

41     1. 미술치료의 전반적 이해
52     2. 미술치료 매체의 이해
59     3. 미술치료의 기법과 프로그램
69     4. 미술치료의 계획과 진행
72     5. 개인미술치료와 집단미술치료

77      PART 03. 아동과 성인의 발달특성과 미술치료

79      1. 아동의 발달특성과 미술치료
91      2. 성인의 발달특성과 미술치료


99      PART 04. 다문화 가족 미술치료의 접근

101      1. 다문화 가족 미술치료의 의미와 목표
105      2. 다문화 가족 미술치료의 매체와 프로그램


121      PART 05. 다문화 가족 미술치료 사례

123      1. 다문화 이주여성 집단미술치료 사례
171      2. 다문화 가족 자녀 개인미술치료 사례


199      참고문헌

PART 01

# 다문화 가족의 이해

**PART 01** 에서는 다문화 가족에 대한 기본적인 이해와 현실태, 이에 따른 문제점과 대책을 대략 살펴보고 다문화 가족의 사회적 지원으로서 미술치료의 의미에 대해 재고해 보는 내용으로 할애하였다.

# 다문화 가족의 이해

## 1. 다문화 가족의 정의와 실태

오늘날 세계화, 지구촌 시대를 맞이하여 한 가정을 이루는 가족 구성원 중에서 생활과 교육, 성장 환경이 다른 다문화 가족의 수가 증가하고 있다. 다문화 가족은 필연적으로 언어를 비롯하여 사고방식, 관습, 문화적 차이를 갖게 되는데 이와 같이 서로 이질적인 문화가 공존하는 가정이 곧 '다문화 가족'이다.

다문화 가족은 다문화주의의 맥락에서 살펴볼 수 있는데 다문화주의의 출발은 서양에서는 미국, 호주, 캐나다 등 이민자에 의해 개척된 신대륙 서방국가들에서 찾을 수 있고, 동양에서는 중국 및 동북아 역사 자체가 다민족에 의한 다문화주의와 민족정책이라고 할 수 있을 만큼 그 역사가 깊다. 서구에서는 다양한 인종과 민족으로 구성된 근대국가에서 국민통합의 이데올로기로서 다문화주의의 필요성이 논의 되는 반면 최근에 논의되는 다문화주의란 이러한 맥락에서 출발하고 있으나 사회·경제적으로 글로벌 스탠더드라는 세계화된 경제시스템 하에서 노동과 자본의 이동에 따른 다문화의 공존이라는 점에서 그 의미가 새롭다.

한국의 경우 다문화가정은 1990년대부터 본격적으로 형성되기 시작해서 2000년대 초반부터 각종 문제가 수면으로 떠오르기 시작하였고, 국내에도 국적이 각기 다른 부부가 한 가정을 이루는 추세가 급증하는 추세에서 부부간의 문제는 물론 그 자녀들은 부모의 양 문화를 고루 잘 수용한다면 장점으로 작용하지만 그렇지 않은 경우 여러 혼란을 겪을 수 있고 문화 충돌이 일어날 수도 있어 사회적 문제로 대두되고 있다.

이에 정부와 사회, 대국민 차원에서의 실태분석과 문제에 대한 대책과 해결방안이 필요한 상황으로 본 장에서는 다문화 가족의 정의, 실태와 문제점, 이에 대한 대책을 살펴보고, 대책과 그 대책의 한 지원책으로서 다문화 가족을 위한 미술치료에 대해 언급하고자 한다.

## 1) 다문화 가족의 정의

다문화 가족은 우리와 다른 민족 또는 다른 문화적 배경을 가진 사람들이 포함된 가정을 총칭하는 용어이다.

이 용어는 2003년 건강가정시민연대가 '국제결혼, 혼혈아' 등의 차별적 용어 대신 '다문화 가족'이나 '다문화가족 2세'로 그 호칭을 바꾸기로 제안하면서 사용되기 시작하였다.

'다문화 가족'이라는 용어는 국제결혼가정이 주는 부정적인 이미지를 해소할 수 있다는 의미에서 적극적인 지지와 호응을 얻고 있는데, 1997년 개정된 「국적법」 제2조 제1항에 따르면, 국제결혼 가정에서 태어난 자녀는 출생과 동시에 헌법 제31조에 의한 교육권을 보장받고 교육을 포함하여 모든 면에서 내국인과 동일한 권리를 가지고 있다. 즉, 다문화 가족이란 우리와 다른 민족·문화적 배경을 가진 사람들로 구성되어 한 가족 내에 다양한 문화가 공존하고 있는 가정을 통칭하여 이르는 말이다.

현재 국내 다문화 가족은 국제결혼 가정, 외국인근로자 가정, 새터민(북한이탈주민) 가정, 입국제외동포 가정으로 구성되어 있다.

## 2) 다문화 가족의 실태

우리 사회는 국제적 지위향상과 세계화에 따른 국가 간 물적·인적 교류 활성화, 인터넷의 발달로 인한 정보공유의 확산 등으로 국내외 인구 이동이 급격히 증가하고 있다. 한편, 저출산·고령화를 맞아서 출산력의 지속적인 저하, 도시와 농촌 간 인구이동, 그리고 여성의 고학력 및 경제활동의 증대로 초혼연령이 상승하고 독신미혼여성 비율이 증가함에 따라 만혼화 현상이 급증하고 있다.

이와 같은 인구 및 사회적 배경 하에서 외국인에 대한 거부감 감소 및 가치관 변화, 혼인수급의 불균형 등으로 농촌 남성과 도시 저소득층 남성들이 외국 여성과 결혼하는 국제결혼이 빠른 속도로 증가하고 있으며 이러한 현상은 가속화될 전망이다.

국제결혼은 1990년 4,710건에서 2000년 12,319건으로 10년간 2.6배 증가하였고, 2005년에는 43,121건, 2007년에는 38,491건으로 2000년의 3.1배에 이르고 있다. 전체 결혼대비 국제결혼 비율은 1990년 1.2%에서 2007년에 11.1%를 차지하여 다문화 가족은 상당히 빠른 속도로 증가하는 것으로 나타났다(통계청, 각 연도).

다문화 가족의 자녀 또한 2006년 25,000명에서 2007년 44,000명,

2008년에는 58,000명으로 매년 그 수가 증가하고 있다(행정안전부, 각 연도). 정부는 지속적으로 증가하는 다문화 가족을 위한 법·제도로「결혼 중개업의 관리에 관한 법률」,「재한외국인처우기본법」,「국적법」,「출입국관리법」이 제정되어 시행되고 있으며, 2008년 3월에는「다문화 가족지원법」을 제정하여 다문화 가족 지원의 법적 근거를 마련하였고, 2008년 10월에는 보건복지가족부의 생애 주기별 맞춤형 지원 강화대책 발표 등 다문화 가족의 삶의 질 향상을 위하여 다각적인 노력이 모색되고 있다.

그럼에도 다문화 가족을 위해 제정된 법·제도의 실효성 확보, 다문화 가족 범위와 기본적인 이념 등에 문제점이 드러나고 있으며, 결혼이민자의 생활보장과 인권옹호에 대한 법적 근거가 부재한 실정이다. 또한, 다문화 가족을 위한 정책은 부처별로 정책이 중복되어 효율성이 떨어지며 다문화 가족의 자녀와 배우자 등 가족 전체를 대상으로 한 정책이 부족하고 보건·복지·가족영역 간 연계가 미흡하여 정책적 효과 또한 낮은 수준이다.

한국보건사회연구원에서 실시한 바 있는 '다문화 가족 실태조사'를 분석한 결과, 부부의 의사결정은 경제생활·재산과 관련된 것은 한국인배우자가 독단적으로 하는 경향이 높았으며 부부간의 갈등을 유발하는 원인은 경제 및 자녀 문제가 높았다.

결혼해서 적응하는 데 소요되는 시간은 1년 미만이 가장 많았으며, 결혼 후 가장 큰 어려움은 의사소통이었다. 지난 1년간 한국인배우자에 의한 결혼이민자의 폭력발생률은 47.8%로, 폭력에 대응하여 그냥 참고 산다는 비율이 16.7%로 가장 높았다.

취업비율은 결혼이민자가 19.4%, 한국인배우자는 90.6%로 단순노

무직 종사자와 임시근로자가 가장 많았고, 일하면서 느끼는 어려움은 자녀와의 공유시간 부족과 자녀양육·가사 부담이 지적되었다. 가구 부채 비율은 45.3%로 주된 부채원인은 주거비·주택마련이었다.

질병을 가지고 있는 비율은 결혼이민자가 23.0%, 한국인배우자는 27.3%이었고, 이 중에서 치료 때문에 의료기관을 이용한 비율은 각각 85.9%, 90.9%이었으며 치료를 중단한 비율은 55.3%와 41.4%이었다. 다문화가정 아동의 주된 양육자와 방과 후 돌봄 형태는 가족이 높았으며, 자녀 양육상의 어려움은 한국어소통능력과 양육비·교육비 지출 등이었다.

다문화 가족의 노부모 부양비율은 43.9%이었고, 가족부양의 어려움은 언어소통과 노인수발 등이었다. 필요한 복지서비스는 한국어교육이 54.5%로 가장 높았고, 서비스를 받기 위하여 부수적으로 필요한 서비스는 보육시설이 21.2%로 가장 많았다. 이에 대한 정책방안으로는 다문화 가족의 의사소통 지원방안, 폭력 피해 결혼이민자의 사후적 지원 강화, 다문화 가족의 기본생활보장 및 소득보장 강화, 다문화 가족의 기본의료보장, 다문화 가족 자녀의 양육지원 확대, 가족부양 부담 완화 방안 등을 제시하였다.

부부간의 의사결정권은 가족 내에서 부부의 권력구조를 측정할 수 있는 지표로서 의미가 있다. 결혼이민자와 한국인배우자 공통으로 비슷한 권력구조를 보여 주었는데 자녀양육 및 교육문제, 부부의 취업 및 이직, 양가부모님에 대한 경제적 지원 등은 비교적 부부가 함께 결정하는 비율이 높았다.

반면, 일상생활비 지출 및 관리, 투자 및 재산관리, 주택매매 및 이사 등 경제생활 또는 재산과 관련이 높은 것에 대한 결정은 한국인배우자가 결혼이민자보다 독단적으로 의사결정권을 행사하는 비율이 높았다. 이는 일반가족과 비교하면 일상생활비 지출 및 관리는 주로 부인이 결정하고 부동산 및 재산관리 등은 부부공동으로 결정하는 것(김승권 외, 『2006년 전국 출산력 및 가족보건·복지실태조사』, 2006)과는 반대의 경향을 보여 주고 있다. 부부간의 갈등을 유발하는 문제로는 결혼이민자의 경우는 경제문제가 30.7%로 가장 높았고, 다음은 자녀문제(26.0%), 배우자의 부모·형제자매와의 관계(20.6%), 가사 및 육아부담(20.1%) 순으로 높았다. 평균은 경제문제 3.06점, 자녀문제 3.19점, 가사 및 육아부담 3.23점, 배우자의 부모·형제자매와의 관계 3.33점 순으로 나타났다.

결혼이민자와 한국인배우자 모두 공통으로 결혼하기 전에 기대한 것과 실제 가장 차이가 나는 부분으로 본국과 한국의 문화차이를 응답하였다. 또한 생활환경, 한국의 경제상황, 배우자 또는 배우자 가족과의 관계 등도 결혼 전·후 차이가 나는 부분으로 응답하였다. 결혼이민자와 한국인배우자가 결혼해서 적응하는 데까지 소요되는 기간으로 1년 미만이라고 응답한 비율은 결혼이민자가 60.1%, 한국인배우자는 66.4%로 부부 모두 과반수에 해당되었으며, 특히 6개월 미만은 결혼이민자와 한국인배우자 각각 33.9%, 37.7%로 가장 높았다(한국보건사회연구원-다문화 가족 실태조사, 2009).

이는 다문화 가족을 대상으로 언어, 문화 및 교육·훈련 등 적응력 제고 프로그램이 조기 시행에 관한 대책마련을 재고하게 한다. 다문화 가족의 결혼 후 가장 큰 어려움으로 결혼이민자는 배우자와의 의사소통이라고 응답한 비율이 29.2%였고, 다음은 한국생활의 적응 부담감, 자녀문제 순으로 높았다. 또한 한국인배우자도 결혼이민자와 동일한 경향을 보였다. 이외에 결혼이민자는 배우자가족과의 관계를, 한국인 배우자는 경제적 측면을 결혼 후의 가장 큰 어려움으로 응답하였다.

한국인배우자에 의한 결혼이민자의 폭력발생률은 47.8%로 부부 두 쌍 중 한 쌍은 폭력을 경험하는 것으로 나타났다. 결혼이민자가 한국인배우자에게 경험한 폭력유형은 모욕적인 말을 하여 괴롭히는 정서적인 폭력이 27.9%로 가장 높았고 다음은 물건을 던지거나 내리치는 신체적 폭력이 25.3%로 높았으며, 부부간에 무관심하거나 냉담하게 대하는 방임도 22.1%로 나타났다. 이 외에도 자유롭게 외출을 못하게 하거나 주민등록증을 빼앗는 인권침해 수준의 폭력도 발생하는 것으로 나타났다.

한편 한국인배우자가 결혼이민자에게 받은 폭력은 무관심하거나 냉담하게 대하는 방임이 26.5%, 물건을 던지거나 내리치는 신체적 폭력이 22.4%, 모욕적인 말을 하여 괴롭히는 정서적 폭력이 20.3%이었고, 자유롭게 외출을 못하게 하는 폭력도 10.7%가 경험한 것으로 나타났다. 따라서 부부폭력 경험비율은 2.7~27.9% 범위로 언어·정서적 폭력부터 신체적 학대, 경제적 학대, 방임, 성 학대에 이르기까지 다양한 형태의 폭력이 발생하는 것으로 나타났다(국가복지정보센터, 2009).

특히 다문화 가족의 교육 부문을 재고하면, 일반가정과 다문화 가정 자녀 간의 격차는 심각한 수준이다. 2007년 행정안전부 조사결과에 따르면 전국 24,000여 명의 다문화가정 자녀 가운데 미취학 아동은 6,089명으로 미 취학률이 24.5%에 달한다. 학급별로 미 취학률은 초등학교 15.4%, 중학교 39.7%, 고등학교 69.6% 등으로 상급학교로 갈수록 증가했는데 이는 일반가정의 자녀에 비해 각각 22배, 9.9배, 8배가량 높은 것이다.

다문화가정 자녀가 학교 교육을 제대로 받지 못하는 이유는 경제적 어려움과 부모의 이혼에 따른 가정 붕괴, 사회적 차별을 그 복합적 원인으로 볼 수 있는데, 이를 방치하면 큰 사회적 문제가 될 수 있다. 한국에서 다문화가정 자녀들의 어려움에 대하여 살펴보면 다음과 같다.

첫째 2008년 7월 국가인권위원회 조사를 통해 다문화가정 청소년 10명 중 2명이 따돌림당한다는 결과가 나왔다. 다문화가정의 자녀들은 어린 나이에 어린이집이나 유치원, 초등학교 때부터 자신의 외모적 특성이나 언어의 미숙함으로 또래로부터 놀림을 당하는 경우가 많다.

둘째, 다문화 가족의 자녀들은 친척과 가족으로부터 한 가족으로서 대우를 받지 못하고 있고 한 동족으로 인정하기를 거부하는 한국 사회의 편견으로 인하여 심리적 고립감, 정서적 소외감을 경험하게 되는 경우가 많다. 이러한 사회적 고립감과 소외감 때문에 다문화가정 자녀와 그 부모들은 지역사회의 이웃 주민과도 잘 융화되지 못하고 있는 실정이다.

셋째, 다문화가정의 대부분이 경제적 빈곤에 직면하고 있는 가정이 대다수로 양부모 모두가 아침부터 밤늦게까지 맞벌이를 해야 하는 경우가 많다.

넷째, 다문화가정의 자녀들은 일상생활에서 생모의 원활하지 못한 언어능력 때문에 심리적인 갈등을 느끼게 되어 어려서부터 이중(二重) 문화의 장벽 때문에 마음의 문을 닫고 생활하거나 상대방을 불신하거나 부정하는 양상으로 성장하여 장래 각종 비행이나 반사회적 행동을 하는 문제아로 성장할 가능성을 배제할 수 없다.

다섯째, 한국어를 제대로 구사하지 못하는 다문화가정 어린이나 청소년들은 한국어를 배우기까지 친구를 사귀는 데 있어 상당한 어려움을 겪게 된다.

이상과 같이 현재 국내외 인구이동의 증가, 외국인에 대한 가치관 변화, 혼인수급의 불균형 등으로 국제결혼이 빠른 속도로 증가하고 있으나, 정부의 다각적인 노력에도 불구하고 법·제도의 실효성 확보, 생활보장과 인권옹호의 법적 근거 부재, 부처별 정책의 중복, 가족단위의 정책 부재로 정책적 효과가 낮은 수준이라고 할 수 있다.


## 2. 다문화 가족의 문제점과 대책

### 1) 다문화 가족의 증가 배경

한국은 전통적으로 남존여비 사상이 강하였고, 그로 인한 남성 편중은 성 비례의 불균형을 가져왔다. 결과적으로 국내에서 여성배우자를 찾아 결혼하기가 어려워진 시대가 되었다. 또한, 경제성장과 더불어 여성인력이 경제활동에 많은 영향을 끼치고 있는 현실에서 여성들의 결혼에 대한 개념도 많이 바뀌고 여성의 결혼 연령이 늦어지거나 아예 독신을 선호하는 여성의 수도 많아지는 추세다.

사회적으로 여성의 지위가 향상되고 영향력이 커진 시점에서 여성이 남성 배우자에 대한 충족도 또한 매우 높아 한국의 남성들이 그것을 충족시키지 못하는 것도 한 원인일 수 있다. 동시에 경제의 중심이 도시집중에 치우치는 것도 오늘날 농촌 미혼남성들이 이주여성들과 결혼할 수밖에 없는 원인이 되고 있으며, 디지털 시대의 세계화의 추세에 따라 국제결혼에 대한 기존의 인식과 가치관이 점차 바뀌고 있으며, 내국인들의 3D업종 기피와 높은 임금 수준은 저임금 외국인 노동자들을 합법적 또는 불법적 고용을 통해 자연스럽게 외국인들의 한국이주가 늘어나게 되었으며, 그 가운데 귀화나 내국인과의 결혼 등은 다문화 가족 증가의 자연스러운 원인이었다. 한편, 현실적인 여건 때문에 결혼이 늦은 농어촌 미혼남성들을 저소득국가의 여성들을 소개해 결혼을 알선하는 국제결혼중매업체들의 난립 또한 현재 다문화가정의 증가에 매우 지대한 영향을 미친 부분으로 재고되어야 한다.

〈표 1-1〉 국제결혼 증가 현황(출처: 행안부, 외국인 주민실태조사, 2008)

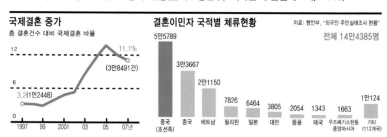

## 2) 다문화 가정의 문제점

최근 증가하는 국제결혼의 여성화 현상은 결과적으로 심각한 사회문제를 야기하고 있다. 특히 열악하고 가난한 제3세계 여성 배우자들은 결혼 과정부터 심한 인종차별과 전통적 계급차별, 성차별이 복합적인 인권침해를 받고 있으며, 결과적으로 결혼위기를 초래하고 있음을 알 수 있다.

① 문화적인 갈등과 편견과 차별

문화 차이에서 오는 소외감과 그 상태와 상황을 충분히 풀어낼 의사소통 능력을 갖추지 못한 외국인 배우자는 혼란과 실의에 빠질 수 있다. 특히 우리나라의 경우 많은 농촌 미혼남성들이 외국으로 결혼여행을 떠났다가 만난 지 일주일 만에 혹은 더 짧은 시간 내에 결혼을 결심하고 한국으로 돌아오는 경우가 많은데 사랑이 없는 결혼과 가족과 떨어져 지내는 외로움, 언어의 장벽, 한국에 대한 기대가 무너지는 순간 가정도 위태로워진다.

백인 다문화 가정의 경우 아동들이 학교에 갔을 때 계속해서 주변의 친구들이 영어를 시켜 보는 경우가 많아 당황하는 경우가 많고, 이와 반대로 아시아 국가나 흑인 다문화 가정의 경우 못사는 나라라는 인식이 강해 그런 감정을 전달받는 경우 상처를 입는다고 한다. 이렇듯 다양한 국적만큼 다양한 문제가 발생하고 있는데 한국에서는 외국인 취급을 받고, 한국 이외의 고향에 돌아가서는 한국인으로 취급받게 되어 가치관에 큰 혼란을 겪게 된다.

또한 청소년기 때 겪은 상처로 인해 한국이라는 나라뿐 아니라 자신에 대한 존중감이 사라져 사회에서 부적응자로 남을 가능성이 크다. 어머니가 외국인일 경우 의사소통의 문제가 생긴다. 흔히 모국어라는 말을 쓰듯, 부모님 중에서도 어머니와 같이 있는 시간이 많은 아동의 특성상 어머니가 외국인이어서 한국어를 잘 사용하지 못한다면 자녀 역시 한국어를 잘 사용하지 못할 가능성이 크고, 결국 대인관계의 문제까지 만들 수 있다.

이렇듯 아직도 우리 사회는 순혈주의 중시 풍토로 인해 다문화주의는 전통도 없고 오히려 전통을 저해한다는 부정적 시각이 공존하

고 있어 여성결혼이민자에 대한 편견 및 차별이 존재한다. 마치 비정
상적인 가족이거나 그로 인해 사회문제의 원천으로 보는 시각이 잔
존하고 있으며 때로는 동정하기도 하고 그 가정의 환경과 상황을 모
르며 무조건 불행할 것이라 판단하는 시각과 이들 대다수가 위장 결
혼일 거라고 보는 시각 등이 그것이다. 이런 선입관에 기초한 판단으
로 여성결혼이민자 가정에 제공되는 복지서비스의 수혜자가 한국인
배우자임에도 그들에 대해 부당하다고 하는 부분도 여성결혼이민자
들이 겪어야 할 힘겨운 부분이다. 이러한 전반적인 편견과 차별이 지
속될 경우 심각한 사회적 갈등 양상으로 표출될 수도 있다.

② 언어와 의사소통의 문제

다문화 가정 내에서 외국인 배우자는 언어의 장벽과 문화의 차이
에 의한 문제를 가장 크게 겪는다. 언어의 문제는 가정 내의 문제로
국한되지 않고 자신의 자녀보다 한국어 의사소통 능력이 떨어지는
경우 부모의 역할을 제대로 할 수 없는 문제뿐 아니라 일상생활에까
지 불편함을 겪게 된다.

언어의 경우 본인의 노력 여하에 따라 해결이 될 가능성이 크지만
문화의 차이는 극복이 좀 더 어려운 문제이다. 서로 다른 환경에서
오랜 시간을 보내고 이룬 가정의 문화적 극간은 불충분한 언어의 소
통으로 더 배가되는 경우가 많다.

국제결혼을 통해 다문화가정을 이룬 여성들은 결혼에 대한 준비가
안 되어 있거나 그 기간이 짧아 결혼 후 다양한 환경과 사람들과의
관계 속에서 새롭게 적응해야 하고 언어나 문화적 차이로 인해 의사
소통의 어려움에 직면하게 된다. 적응도 하기 전에 출산 및 가정의

대소사에 대한 새로운 책임은 이주여성들에게 전혀 다른 문화에 대한 이해의 폭을 좁혀 가는 계기일 수 있으나 대부분 무거운 짐이 되어 부적응으로 인한 역기능이 작용할 수 있다. 이렇듯 실제 의사소통의 어려움으로 인해 이주여성 50% 이상이 국가에서 시행하고 있는 다양한 사회복지서비스와 사회복지서비스 제공기관의 정보를 알지 못하는 경우는 86% 이상이며, 기관을 알지 못해 이용하지 못하는 경우가 39.2%로 나타났다(복지부 실태조사, 2005).

### ③ 체류 및 거주 시 신분상의 문제점

결혼이주여성들은 한국 국적을 취득하기 전까지 외국인 신분이므로 국적 취득 전에 이혼을 하게 되면 본국으로 귀국하거나 불법체류자로 전락하게 된다. 영주권 또는 국적을 취득하기 위해선 적어도 2년 이상 정상적인 혼인생활을 유지하여야 하고 한국인배우자가 사망실종된 경우 배우자 귀책사유로 이혼하는 경우가 많고, 이혼 후 자녀를 양육하는 경우에도 국내체류기간은 2년으로 동일하다.

이렇듯 안정된 신분을 보장하기 위한 기간이 2년이지만 그 기간 새로운 문화에 적응하고 정착하는 것이 그리 쉽지 않기 때문에 결혼이주여성들의 불안감이 여전하며 대부분의 여성들이 정보에 어둡고 사회시스템에 대한 이해 부족으로 사법적인 절차의 선택 및 행정기관에 신고하는 것의 어려움과 공권력의 도움을 받을 기회가 부족한 실정이다.

### ④ 사회적 · 경제적 문제

이 문제는 농촌에 사는 다문화가정이나 3D업종에 몸담고 있는 다문화가정에서 특히 부각된다. 사회적·경제적으로 낮은 위치에 있게 되면서 '코리안 드림'을 꿈꾸고 왔던 외국인배우자에게는 큰 혼란을 줄 수 있으며 이는 이혼율과 연관된다. 또한 사회적·경제적으로 낮은 위치에 있는 가정에서 태어난 아이들에게 악순환의 고리가 연결될 수 있음에 더 큰 문제로 작용한다.

경제적 빈곤을 해결하고자 하루 종일 일하는 부모는 자녀를 교육하기 힘들고 성장기 애착 형성과 교육에 대한 욕구를 충족받지 못한 아동은 심리적·정서적 문제를 안게 되고 이것은 이후 성장하여서도 매우 심각한 인성의 문제로 작용할 것이다.

특히 많은 결혼이주여성들은 경제적 어려움에 당면하는 경우가 많은데, 가구 최저 생계비 이하인 가구가 50%를 넘어섬에도 기초생활보장 수급가구는 13.7%에 불과하다. 2005년 복지부 실태조사에 따르면 최저생계비 이하인 전체 가구는 52.9%, 18세 미만의 아동이 있는 가구는 57.5%로 빈곤으로 인해 끼니를 거른 경험이 있는 경우도 15.5%로 나타났다.

또한 여성결혼이민자의 경제활동 참여율은 60% 수준으로 대부분 경제활동 이유로는 생계유지목적이 51%, 자녀교육비가 17%였으며, 직종은 음식점 종업원 등 서비스직이 전체 52%로 가장 많았다. 또한 여성결혼이민자들 중 23.6%가 실질적인 의료보장체계(건강보험, 의료급여) 안에 들어가 있지 못하며, 의료보장을 못 받는 경우는 비귀화자(27.2%)가 귀화자(7.2%)보다 월등하게 높았다. 여성결혼이민자는 국민건강보험의 임의 가입대상임에도 외국인은 본래 가입이 안 되는 것으로 알고 있기 때문이다. 이렇듯 결혼여성이민자들이 의료보험제도의 혜택에서 배제되는 상황은 출산 양육 등 자신의 과업을 완수하는 데 필요한 모성건강의 위험을 초래할 수 있다.

⑤ 자녀양육문제

결혼에 성공한 이주여성들은 또 다른 어려움에 직면하게 된다. 한국 전통가족관계에서의 부적응 및 경제적 어려움, 언어와 문화적 차이, 가족 간 갈등, 자녀교육문제, 지원체계의 부족 등의 복합적 요인으로 부적응이 심화되고 있다.

특히 자녀들의 사회관계 속에서 어려움을 느끼는 것은 친척과 가족, 학교 및 사회에서 아직도 외국인으로 치부하며 한 동족으로 인정하기를 거부하는 한국사회의 편견으로 인해 따돌림을 당하면서 심리적 고립감, 정서적 소외감을 경험하게 되기 때문이다. 합법적 결혼 부부가 아닌 불법체류자일 경우의 자녀들은 더욱 큰 어려움에 직면하게 되는데 더욱이 다문화가정의 자녀들의 교육문제는 학교 측의 재량에 맡기기 때문에 학교에서 학생을 맡는 것을 꺼리는 편이다.

무엇보다 부모의 상당수가 낮은 경제적, 사회적 지위와 언어, 문화, 교육 방식의 차이 등으로 가정과 학교 교육에서 문제점이 드러난다. 특히 자녀와 많은 시간을 보내는 어머니인 이주여성이 현지어인 한국어 사용에 미숙할 경우 자녀의 성장기 언어 발달에 지장을 줄 수 있다. 뿐만 아니라 자녀와 충분한 의사소통이 원만하게 이루어지지 못하게 되어 자녀의 성장 발달에 필요한 양육을 제공받기 힘든데 자녀는 학교생활에서도 언어발달의 지체와 문화발달의 부적응으로 인해 학교수업에 대한 이해도가 낮으며, 그로 인해 소극적이거나 반대로 폭력적이 되거나 과잉행동장애 등의 정서장애를 초래하기도 한다.

한편 우리나라는 아직도 교재와 교사들의 다문화주의를 포용하지 못하는 데서 오는 '차별'과 '배제' 때문에 아동들이 조기에 사회적 소외감을 경험하게 될 가능성이 크다. 학교 내의 집단따돌림의 양상이 일반가정의 학생들이 따돌림 원인이 다른 양상으로 나타난다. 다문화가정의 자녀들이 따돌림당하는 이유는 성격의 특성과는 무관하게 단지 다문화가정이라는 이유만으로 집단따돌림을 당하는 편이다. 이럴 경우에는 본인의 의사와는 무관하게 결정된 요인 또는 본인의 노력에 의해 해결될 수 없는 이유로 집단따돌림을 경험하기 때문에 매우 큰 정서적 충격을 경험하게 된다. 이들이 적절히 사회에 통합되지 못하고 지속적으로 소외된다면 궁극적으로 소외집단의 규모가 커지면서 다인종 사회에서와 같은 인종적 갈등이나 사회 혼란을 가져올 가능성이 크다. 또한 결혼이주가정이 자녀를 양육하면서 겪는 또 다른 어려움은 높은 양육비용과 사교육비들을 감당해야 하는 문제이다. 최근 다문화 가정자녀들의 실태와 문제점을 살펴보면 다음과 같다.

〈표 1-2〉 다문화가정 자녀들의 실태와 문제점
(출처: 행안부, 다문화 가족 실태조사, 2009)

| 집단따돌림을 당한 이유 | 비율(%) |
|---|---|
| 엄마가 외국인이기 때문에 | 34.1 |
| 의사소통이 잘 안 되어서 | 20.7 |
| 특별한 이유 없이 | 15.9 |
| 태도와 행동이 달라서 | 13.4 |
| 외모가 달라서 | 4.9 |
| 기타 | 22.0 |

* 우리나라 초등학생의 집단따돌림 경험 비율도 13.4%(교육개발원, '05)로 나타나나, 가장 큰 따돌림 이유는 '잘난 척(29.4%)'으로 국제결혼 자녀와 차이를 보임.

⑥ 가정 및 여성폭력 문제

국제결혼 성사 과정의 단기성과 부정확성은 결혼 후 부부생활에 적지 않은 악영향을 미칠 수 있는 소지를 안고 출발한다. 돈을 매개로 이루어진 상업화된 결혼은 시댁과 친지의 비우호적인 환경과 남편의 정서적 불안정 등 때문에 가정폭력과 불화로 이어지는 경우가 적지 않고 실제 알코올 중독 및 이상 성행위자, 습관화된 폭력 등으로 이미 결혼 불능 상태의 사람이 국제결혼 시장에 유입되어 결혼이 성사된 경우 내국인 남성 배우자는 이주여성 배우자를 철저히 감시 또는 통제하고, 폭력과 성적 학대 등의 정도가 심각한 수준으로 이르게 되는 경우가 많다.

실제 가정폭력 경험은 언어폭력이 31%로 가장 많았고, 신체적 폭력은 26.5%, 성적 학대 23.1%, 위협 18.4%로 나타났다. 그러나 실제로 가정폭력을 경찰에 신고한 사람은 10% 정도에 불과하며 이주여성 상담소나 상담전화를 이용한 사람도 10~13% 내외로 나타났다. 또한 신고를 하지 않은 이유로는 결혼생활 유지를 위해서가 가장 많았고, 신고할 줄 몰라서가 14%, 경찰 문제해결 능력 의심이 13%, 체류자격 불안정에 대한 두려움이 10% 등으로 응답하였다(복지부 실태조사, 2005).


⑦ 국제결혼중매 알선 업체들의 문제점

국제결혼은 대체로 주변인들의 소개나 개인적 만남, 종교단체나 결혼중개업체를 통해 이루어지고 있으며 특히 결혼중개업체를 통한 이주여성들과의 결혼 맞선 및 그 과정 속에 극심한 상업주의로 인해 많은 문제와 위험을 내포하고 있다.

실제로 국제결혼중매 알선 업체들은 결혼 할 남성들을 모집하기 위해 모집광고를 내는 과정에서 송출국 여성들의 인권을 침해하는 사례가 대부분이며, 이는 해당 국가들과의 외교적 마찰의 소지를 잠재하고 있다. 또한 결혼 중개업소 측에서 부정확하거나 거짓된 정보를 제공해 이주여성 및 남성들의 피해 사례도 다양하게 속출하고 있으며 이는 심각하게 사회 문제화되고 있다.

### 3) 다문화가정의 문제에 대한 대책

다문화 가정이란 우리나라 국적을 가진 국제결혼 가정은 물론, 우리나라에 장·단기 거주하는 외국인 가정과 불법체류자의 가정까지도 모두 포함하여 부르는 말이다. 우리나라 외국인 거주민은 2008년 5월 말 기준으로 하여 국적취득자와 불법체류자를 모두 포함하여 891,341명으로 나타나 있다. 이는 전체 인구의 1.8%라고 한다. 이 중 여성국제결혼이주자가 102,713명을 차지하고 있다. 국제결혼비율은 총 결혼에 비하여 11.1%를 차지한다고 한다. 특히 농림어업 종사자 남성은 40%가 국제결혼을 한다고 한다. 연도별로는 2004년도부터 평균 11%대를 유지하고 있다.

우리나라 결혼이민자 현황을 시도별로 살펴보면 2008년도 조사 기준, 10월 말 총 128,168명이고 이 중에 여자가 106,576명, 남자가 14,592명으로 되어 있는데, 경기도가 31,355명으로 16개 시·도 중에서 가장 많고, 그다음은 서울이 29,456명이며, 세 번째는 경상남도로서 7,167명으로 이 중 여자는 6,798명, 남자는 369명이다.

다문화가정의 문제점은 각 가정마다 다를 수 있으나 대체적으로 결혼이주여성의 문화적 부적응 문제, 다문화가정 자녀의 사회부적응 및 교육문제, 가정폭력문제, 경제적 곤란 등 여러 가지로 나타나고 있음을 볼 수 있다. 이러한 문제점이 야기되는 가장 큰 근본적인 원인은 의사 소통상의 어려움에 있다.

일차적으로 결혼 이민 여성의 한국어 구사 능력이 부족하여 문화적 배경을 서로 이해하지 못함으로써 부부간의 갈등이 야기되고, 이차적으로는 자녀를 돌보는 어머니가 결혼이민여성이어서 자녀의 언어교육을 제대로 하지 못함으로써 그 아동은 학교생활의 적응이 어렵게 되는 것이다. 따라서 일차적 문제보다는 이차적 문제가 더욱 심각한 것이 되고 있는데 이차적인 자녀문제는 본인의 사회생활 부적응에서 끝나는 것이 아니고 가정과 사회에 모두 영향을 미치게 되기 때문이다.

그러므로 가장 시급한 것은 결혼 이민여성들의 언어교육이다. 기초지방단체는 최소한 읍면동 단위로 이민자 한국어교육센터를 설치하여 희망자로 하여금 평생 무상교육을 받을 수 있도록 배려해야 할 것이다.

다문화가정에서 자라는 자녀는 성장한 문화적 배경에 따라 세 가지로 분류할 수 있는데 첫 번째는 한국 내 거주 이전 단계에서 유아기와 성년기를 보내면서 자국의 문화적 배경을 가진 이들을 말하며 두 번째는 한국 내에서 출생하고 성장한 경우를 들 수 있다. 마지막으로 한국 외에서 출생하여 유아기를 보내고 한국 내에서 초·중등학교의 학령기를 보내고 있는 구성원들로 분류된다. 이들에 대한 교육은 일괄적인 방안보다는 분류된 그룹별 적응교육이 실시되어야 하고 이에 대한 방안은 교육 전문가들에 의하여 적극적인 연구가 필요한 실정이다. 교육을 비롯한 다문화 가족 이주민을 위한 정책은 현 상황에서 심도 있는 개선 방향과 긍정적인 변화가 계속되어야 할 것이다(아래 <표 1-3> 참조).

〈표 1-3〉 다문화 가족 이주민 정책 변화(출처: '고용허가제 시행 3주년 기념' 동아시아의 저 숙련 외국인력 정책 국제 컨퍼런스 자료집, 노동부·법무부)

| 연도 | 내용 |
|---|---|
| 1991. 11. | 국내 생산직 인력부족현상<br>외국인의 국내 취업이 제한되어 있음.<br>(전문기술인력은 취업 허용. 단, 기능 인력은 원칙적 취업이 불허)<br>해외투자기업연수생제도 도입 |
| 1993. 11. | 산업연수생제도 도입 |
| 2000. 4. | 연수 취업제 시행<br>-산업연수생이 일정기간 근무 후 근로자 신분으로 전환하여 취업<br>-연수 2년과 취업 1년 |
| 2002. 4. | -연수 1년과 취업 2년 허용 |
| 2002. 11. | 취업관리제 도입·시행<br>-국내 유연고 외국국적동포대상 |
| 2003. 8. 16. | 외국인 근로자의 고용 등에 관한 법률 제정, 공포 |
| 2004. 8. 17. | 외국인 고용허가제 시행<br>취업관리제가 고용허가제의 특례제도로 흡수 통합됨.<br>-특례고용허가제로 명명<br>-취업허용 업종(건설업) 추가 |
| 2006. | 특례고용허가제 취업업종 확대 |
| 2007. 1. 1. | 고용허가제로 일원화<br>-산업연수생 제도를 고용허가제로 통합<br>-해외투자기업연수생 제도는 순수한 외국인 연수생 제도로 운영 |
| 2007. 3. 4. | 방문 취업제 실시<br>-유·무연고 외국국적동포에 3년간 국내취업 허용 |
| 2007. 5. | 외국 인력제도 통합에 따른 산업연수생 재취업 허용 |
| 2007. 11. 8. | 고용허가제 허용업종 확대 |
| 2008. 7. 8. | 외국인근로자 고용법 개정 |
| 2008. 9. 25. | 비전문 외국인력 정책 개선방안 |

① 사회적 편견의 극복

정부와 제도권은 여성결혼이민자에 대한 일반 국민과 사회적 인식의 제고를 위해 정부의 홍보매체, 언론, 이주노동자방송국 등을 통해 여성결혼이민자 관련정책을 적극 홍보해야 하며 이와 관련하여 서비스 시스템을 통해 내·외부 정책적으로 결혼 이민자 정책에 대한 관심과 이해를 증진시켜야 할 것이다.

다양한 홍보와 다문화 가족정부정책 안내 및 일반 국민의 의식 제고를 위한 홍보와 함께 시민들을 대상으로 한 인식개선 교육 등을 실시하여 여성결혼이민자의 어려움과 현실을 알게 하고 더불어 살아가는 한 나라 국민임을 인식시켜야 할 것이다.

무엇보다 지역사회에서 다문화 친화적인 분위기를 조성하여 지역사회의 결혼이민자 자녀 지원 협력체제 구축하고, 여성결혼이민자 가족을 친숙한 이웃으로 만드는 문화 프로그램 제공하여 가족공동체 문화형성 및 지역사회 적응방안을 제시하여야 할 것이다.

또한 공무원 교육과정을 통해 건강가정기본법의 '건강가정기본계획'에 여성결혼이민자 관계 책임자 교육 반영하고, 여성결혼이민자에 대한 편견 및 차별해소를 위한 정기적인 교육 실시하며, 사회복지·보건의료 서비스 종사자 등에 대한 교육을 통해 다문화에 대한 지식, 문화적 편견을 해소할 수 있는 교육훈련 기회 제공하고 사회복지·가족 분야 학과 및 사회복지사 채용시험에 여성결혼이민자의 인권 및 다문화 이해관련 내용 포함하여 전문성을 강화해야 할 것이다.


② 의사소통의 극복

결혼이주여성들의 가장 큰 어려움은 언어의 장벽과 새로운 문화에 접촉에서 오는 이질감으로 이를 해소하여 보다 빨리 정착할 수 있도록 돕는 것이 과제일 것이다. 먼저 정부는 '06년부터 전국에 '결혼이민자가족지원센터' 51개소를 지정하여 한국어교육, 자녀 상담 서비스 등을 외국인 배우자(결혼이민자)들에게 지원하여 의사소통의 가능을 중심으로 사회적응을 지원하고 있다.

보건복지부와 문화관광부도 결혼이민자들을 위한 보건, 진료서비스 및 문화예술 향유 및 교육도 지원 중이다. 이 밖에 전국 외국인근로자센터, 이주여성인권센터 등 민간단체 300여 개소에서 결혼이민자 지원 프로그램 운영 중이며 외국인근로자센터 등 민간단체들은 현재 운영 중인 한국어 교육 프로그램의 대상을 국제결혼가정 자녀에까지 확대하고, 일부에서는 이들을 위한 별도의 대안학교 설립 추진 중이다(여성가족부, 2006).

③ 자녀양육문제의 극복

부모의 국적이 다르고 문화적 차이로 인해 다문화 가족 자녀들이 정체성 혼란을 겪을 수 있어 자녀들에 대한 다문화 교육이 절실한 실정이다. 정부는 다문화가정 자녀들의 대한 정책과제 제시에서 '다문화교육 추진체계 구축'하여 현행 교과서에 포함되어 있는 민족적 문화적 배타성을 완화해 나가며, 인종차별적 교육요소를 지속적으로 발굴·수정해나가기로 했으며 차기 교육과정 개정 시 다문화 교육요소를 반영하기도 하였다.

'학교의 결혼이민자 자녀의 지원기능을 강화'로는 여성결혼이민자 자녀를 위한 '방과 후 교육' 프로그램을 개설하여 한국어지도, 교과지도, 문화체험교육 등을 실시하며, 능력을 갖춘 여성결혼이민자 및 외국인 학부모를 방과 후 교실 외국인 교사로 적극 활용하여 자녀들과 본인의 자존감을 높여 주려는 정책을 추진 중이다. 또한 또래집단 및 교사와의 교류활성화를 지원하고 '여성결혼이민자 자녀 교육을 위한 교사역량강화'로 다문화주의 및 소수자 배려를 위한 교원 연수를 강화하고, 교사 대상 한국어 및 한국문화교육 연수를 활성화하며, 한국어 교육 능력을 가진 교사에 대한 인센티브를 제공해야 하고, '집단 따돌림 예방'을 위해서는 학급중심 소집단 그룹 활동 활성화 및 상담 네트워크 구축, 학생회 중심으로 집단따돌림 예방 및 자정운동을 유도하며, 학교공동체 프로그램 운영에 주도적으로 참여하도록 지원해야 한다. '복지 및 상담서비스 제공'을 위한 농·어촌지역 멘토링을 위해 대학생 및 일반자원봉사자들을 적극 활용하여 학습지도 및 여가 시간을 창출하려는 노력을 계속해야 할 것이다.

### ④ 가정 및 여성폭력 문제의 극복

여성결혼이민자들의 가정 내 폭력은 극단적인 결과를 초래할 우려를 안고 있기도 하다. 정부는 가정폭력 피해자 보호를 위한 지원체계 구축을 위해 6개 언어 지원 및 여성결혼이민자 전용 핫라인을 중심으로 전국 "1366"(16개소), 여성·학교폭력 원스톱 지원센터, 쉼터, 관련 민간단체와 법률구조공단, 상담소, 의료기관 등과 상시 연계체계 구축하고 있다.

또한 가정폭력 관련시설 종사자의 외국어 사용능력 강화하여 보다 빠르게 상황에 대처할 수 있도록 하고 있고, 여성결혼이민자를 상담원으로 양성·배치하거나 상담원 대상 외국어 교육과정을 개설하여 결혼이민자 본국어로 기본적인 안내와 설명 등을 할 수 있도록 교육하고 있다.

배우자의 신원보증 해지신청에 대한 관리 강화하여 귀책사유가 없는 여성결혼이민자가 한국인배우자의 일방적인 신원보증 해지로 불법체류자로 전락하는 사례 방지를 방지하고, 혼인파탄 귀책사유에 대한 입증책임 완화하여 혼인파탄에 대한 입증자료가 불충분한 상태에서 한국인배우자에게 혼인파탄의 책임이 있음이 주장되는 경우에는 실태조사 등을 통해 책임소재가 규명될 때까지 여성결혼이민자의 국내체류 및 취업도 가능해야 할 것이다.

⑤ 경제적 문제의 극복

여성결혼이민자 가족의 경제적 어려움 극복을 위해서는 먼저 여성결혼이민자 가족에 대한 기초생활 보장이 이루어져야 할 것이다. 또한 자녀출산 및 양육비 지원으로 가계 부담을 덜어 주며 저소득 가정 여성결혼이민자의 산전 후 지원과 농어촌 저소득 여성결혼이민자 가정에 영유아양육비를 지원해야 할 것이다.

고용안정센터의 취업희망자에 대한 상담 및 취업알선 및 서비스를 강화하고 공공서비스 부분에 여성결혼이민자들 중 전문성을 갖춘 여성의 진출을 지원함과 동시에 의료서비스제공을 통해 가계 부담을 덜어 주고 보다 안정적이고 건강하게 가정을 이끌어 갈 수 있도록 도와야 한다.

⑥ 국제결혼중개업체 규제 강화

현재 난립해 있는 국제결혼중개업체들의 거짓 정보 제공과 사기행각은 막대한 돈을 지불하는 국내 남성과 결혼이주여성들에게 큰 상처를 남기기도 한다. 이러한 국제결혼중개업체들의 불법행위를 효과적으로 규제·관리·감독할 법률을 제정, 결혼중개행위와 중개업자의 정의, 결혼대상자에 대한 정보제공확인 의무, 국제결혼 관련법 준수 의무, 손해배상 의무, 결혼중개 계약서 작성 의무 등을 규정해 결혼당사자들을 피해로부터 보호해야 할 것이다.


## 3. 다문화 가족 지원으로서 미술치료

이상에서 살펴본 바와 같이 다문화 가족을 이루고 있는 구성원들은 여러 가지 사회적, 심리적 어려움에 처해 있고, 이를 정부 차원에서 사회적, 제도적으로 지지하고 그 해결책을 적극 모색하고 있는 현 상황에서 다문화 가족 구성원의 심리적 정신적 건강과 안녕은 기본적으로 우선되어야 할 사안이다.

다문화 가족 지원으로서의 사회적 정책으로서 기본사업은 우선 한국어교육, 다문화 가족통합교육, 다문화 가족 취업연계 지원, 다문화 가족 자조모임, 개인 및 가족 상담과 홍보 및 운영 정책은 육아정보 나눔터, 다문화 가족 나눔 봉사단, 다문화인식 개선 및 지역사회 홍보, 지역사회 네트워크 강화를 중심으로 이루어지고 있으며, 특성화 사업으로는 통번역서비스사업, 언어영재교실사업, 언어발달지원 사업, 한국어교육과 부모교육 등의 방문교육 사업이 그 주를 이루고 있다.

미술치료는 기본사업 요소의 개인 및 가족 상담의 일환으로 적극적으로 그 필요성이 부각되고 있어, 현재 각 지역의 다문화 가족지원센터를 중심으로 주기적으로 다문화 가족을 위한 심리치료 프로그램이 운영되고 있으며 개별적으로 다문화 가족을 위한 미술심리치료 센터가 개소되고 있는 현상은 이러한 필요성에 대한 요구가 구체적으로 반영된 현상으로 볼 수 있다.

현재 다문화 가족 구성원들의 심리·정서적 불안 요인은 이들의 이혼으로 이어지는 경우가 많고 이로 인한 다문화 가족 자녀들의 정서에도 치명적 요인으로 작용하고 있어, 다문화 가족을 위한 주기적인 미술치료 프로그램은 미술활동을 통해 가족 구성원의 정서적 안정과 자기표현의 기회, 부부 관계 개선, 가족 화합과 문제 해결의 기회를 마련하여 전반적으로 가족 구성원의 자존감과 그들의 삶의 질을 향상시킬 매우 고무적인 사회적 지원 전략으로 자리매김하고 있다.

본서 5장에서 소개될 다문화 가족 미술치료 연구도 ○○시의 다문화가정지원센터의 다문화 가족을 위한 심리·정서적 지원 사업으로 연간 프로젝트로 시행하고 있는 미술치료 프로그램으로 매우 고무적인 반향과 결과로 재고되었던 사례이다.

〈그림 1-1〉 다문화이주여성의 미술치료 장면

PART 02
# 미술치료의 이해

**PART 02** 에서는 미술치료의 기본적인 이해와 미술치료의
실제 진행에서 중요한 사안으로 미술치료의 정의와 역사,
미술치료의 기본적 이론과 미술치료의 매체인 미술재료의 의미와
종류와 속성, 이에 대한 미술치료 프로그램의 예를 들어 이해를
도왔고, 다음으로 미술치료의 실제 진행시의 대략적 흐름과 방법에
대해 할애하였으며 제5장 사례의 연구대상이 집단 형태와 개인
형태로 나뉘어져 있어 집단미술치료와 개인미술치료에 대한 특성도
간략하게 살펴보았다.

# 미술치료의 이해

## 1. 미술치료의 전반적 이해

### 1) 미술치료의 개괄적 이해

1990년대 웰빙(well-being)의 자각과 함께 기존의 심리상담의 패러 다임의 중요한 자리를 점하고 있는 Art Therapy라는 미술치료 용어는 1961년 'Bulletin of Art Therapy' 창간호에 실린 편집자 Ulman의 논문 에서 처음 인용되었다.

미술치료는 치료목표에 따라 미술매체를 매개로 미술활동 과정을 통하여 치료자와 내담자가 내적 문제를 표현하고 승화시켜 자아의 통찰을 돕는 과정으로 내담자의 미술작품과 창작과정과 창작 결과물 을 가지고 피드백(feed-back)하는 과정을 통하여 내담자의 상태와 문 제를 파악하고 이를 해소, 경감시키고 개선하여 내담자의 적응 상태 를 공고히 하고 창의적인 개체로 삶을 살아가도록 돕는다.

미술치료는 궁극적으로 심신의 어려움을 겪고 있는 사람들을 대상 으로 하여 그들의 미술작업을 통하여 그들의 심리를 진단하고 치료 하는 데 목적이 있고 일반적으로 정의하자면, 미술치료란 '미술'과

'치료'가 만나서 이루어진 분야로 미술매체의 창작을 통하여 정신적, 심리적, 정서적 갈등을 완화하여 한 개인이 원만하고 창조적인 삶을 살아가도록 도와주는 심리치료이다.

일반적으로 미술치료의 장점은 다음과 같다.

첫째, 미술은 심상의 표현으로 내담자의 감정표현이 용이하여 꿈이나 환상, 경험 등 언어적 차원, 즉 말의 표현이 어려운 부분이 심상으로 그려져 다양하고 심층적인 내면의 표출이 가능하다. 이 과정에서 치료사는 내담자의 잠재성을 통한 통찰, 학습, 성장의 지지가 가능하여 치료적 개입이 이루어지게 된다.

둘째, 구체적인 유형의 자료를 즉시 얻을 수 있는데 내담자들의 감정이나 사고 등이 그림이나 기타 미술작품형태의 사물로 구체화되어 내담자가 직접 자신의 작품을 통해 스스로의 통찰이 용이하게 된다.

셋째, 자료의 보존이 가능하다는 것이다.

넷째, 미술은 공간성을 지닌다는 것으로 미술 활동이라는 공간 속에서 인간관계의 연관성들이 발생하여 치료적 관계를 촉진할 수 있다.

다섯째, 미술은 창조성이 있으며 에너지를 유발시켜 그림이나 조소활동 등 창조과정 자체가 통합이라는 치유력을 갖고 있고 창조적 활동으로 인해 일상의 활력을 증진시킬 수 있다.

인간 심리와 정신 변화의 이해 관점에서 그림을 체계적으로 사용한 것은 짧은 역사를 가지고 있는데 대략 19세기 말에 시작되었다. 19세기 초반 독일정신병원 의사들이 작업치료로서 미술 활동을 예술적 정서적 효과가 있다고 인식하는 것을 시작으로 19세기 말에 미술행위가 치료적인 측면과 관련 있는 것으로 보아 아동과 정신질환자의 그림이 환자의 심리적 육체적 상황과 연관이 있음을 인식한다.

리치(Ricci, 1887)는 처음으로 아동화에 관심을 가졌고 따르디유(Tardieu, 1872)와 롬브로소(Lombroso, 1890)는 정신병자의 그림에 관한 글을 썼는데 최초로 환자 그림이 그들의 고뇌하는 생활과 관련이 있음을 인식시키기도 하였다. 굿나프(Goodenough, 1926)는 '인물화에 의한 지능검사'를 사용하였고 프리츠호온(Prinzhorn, 1922)은 환자 그림 5,000여 점을 모아 예술성과 상관없이 객관적으로 관찰하고 심리적 토대와 형태적 특징을 아동과 원시인의 그림을 통해 비교하여 연구했다. 정신질환자들의 그림을 수집하여 현상학적으로 형태를 분류하여 현상학적 관점에서 정신 병리와 예술적 표현을 연관 지으려는 시도는 프랑스와 독일 등 유럽권의 학자들에 의해 주도되어 정신병원 내에 회화실을 갖추고 환자들이 창작활동을 할 수 있도록 하며 연구가 진행되었으며 1992년에『정신병자들의 그림』(Prinzhorn, 1922)이 출판되기에 이른다.

오늘날의 미술치료는 상징화의 중요성을 부각시킨 프로이트(Freud)와 융(Jung)의 이론과 현대 정신의학과 함께 성장하였는데 프로이트는 무의식의 저장고인 꿈속에서 상징적 심상으로 생생하게 표현되는 무의식의 개념을 발전시켰고, Jung은 다양한 시대를 거치는 각기 상이한 문화들 속에서 보이는 공통의 상징을 지니는 보편적인 무의식인 집단 무의식과 원형을 가정했다.

프로이트는 꿈이나 상징은 시각적 이미지를 통하여 표출되며 이러한 상징적 표현이 언어를 대신할 수 있으나 그림을 치료 수단으로 이용하지는 않았고 중세 거장들의 작품을 분석하여 작품의 동기와 원천이 유아기 경험에서 영향을 받았다고 주장하면서 무의식과 생후 초기 경험들이 중요함을 강조하였다. 이에 따라 무의식, 일차 사고과

정과 꿈 작업, 방어기제, 해석 방법 등의 연구가 이루어지기 시작한
다. 융은 실제 체험을 통하여 무의식은 하나의 '상(image)'를 만들고
상징적인 의미를 가지고 있음을 주장하고 그림분석을 중요시하여 정
신치료에서 적극적으로 명상(상상) 후 그림을 그리게 하는 기법은 그
림을 통해서 무의식의 내용이 나타나고 그림을 그림으로써 감정기능
을 살리며 무의식의 창조적인 기능을 자극하여 치료적이라 하였다.
그림을 표현병리나 진단적 가치로서의 접근과 달리 치료적으로 직접
이용하는 것은 이후의 일로, 1940년대에 치료적 양식으로서의 미술표
현이 처음 도입되어 나움버그(Naumburg)는 치료를 강조하여 미술작
품을 통한 환자의 통찰을 강조하고 치료적 양식으로 미술표현을 미
술치료에 도입하면서 미술치료에 선구자적인 역할을 하였다. 그는 정
신분석하적 이론과 경험에 입각하여 환자들에게 자발적인 자유연상
을 하게 하여 그림(자발적 그림, Spontaneouls Drawing)을 그리도록 고
무하여 그림의 상징성을 통한 치료사의 해석을 목표로 하고, 무엇보
다 치료사와 환자 사이의 치료적 관계형성과 전이와 역전이의 문제
를 중요시하였다.

　1950년대에 접어들면서 클래머(Kammer)가 그녀의 뒤를 이어 연구
를 계속하는데 그는 상징성을 통한 해석보다는 언어적 영향이 없는
미술의 창조적 과정 그 자체의 통합적이고 치료적 역할을 강조하는
'창조적 과정'을 중시하여, 미술치료사의 입장은 해석이 아니고 환자
의 부정적 감정이나 욕구를 통합하고 승화할 수 있게 도와주는 역할
을 해야 한다고 주장하였다. 이는 미술치료의 접근방법의 차이로 볼
수 있는데 클래머는 미술 자체에 역점(치료로서의 미술, Art as
therapy)을 두었고, 나움버그(그림을 매체로서 이용하는 방법, 치료에

서의 미술 Art in therapy)는 치료에 역점을 두었다.

1960년대에 미술치료가 치료교육의 한 형태로서 보다 전문적인 양상을 보이기 시작하는데 울만(Ulman)은 예술적 성취감과 함께 미술치료는 치료적 측면과 창조적 측면을 모두 가지고 있어 미술치료 실행에 있어서는 두 측면의 적용 타당성을 인정하면서 위 두 학자의 관점을 통합하여 절충적인 미술치료 접근법을 고안해 내어 미술치료의 확립과 발전에 주도적인 역할을 하였다.

이후로 현재는 미술치료가 학문적이나 임상적으로 전문 분야로 인식되고 있는 추세이다. 미국의 경우는 1960년대에 미술치료가 전문적인 양상을 보이며 미술치료 전문지 및 미술치료학회가 창립되면서 전문훈련을 위한 프로그램의 제도를 마련하고 전문인 양성에 주력하였다. 일본의 경우 1984년에 일본 가족화연구회를 창립하여 미술치료의 연구와 임상적 적용에 활발한 연구가 이루어지고 있다.

미술치료의 적용 대상은 일반 아동, 청소년, 성인, 노인과 장애와 특정 심리·정서적 문제에 직면한 동일 대상 모두에게 적용한다. 예를 들어 위기·당면 문제의 치료와 같은 특정의 목적을 위해서도 활용할 수 있고 양로원이나 호스피스 병동의 노인과 환자들을 대상으로 하여 그들의 삶을 정리하는 데도 미술치료가 적용되고 있으며, 약물환자, 심신 장애인들에게도 효과적으로 적용되는 실정이다.

미술치료는 크게 두 가지 대상의 유형으로 형태로 구분한다. 첫째는 현재 가장 보편적으로 연구 및 임상활동이 이루어지고 있는 '치료적 차원'에서의 미술 치료로서 정신, 정서, 신체적 문제가 있는 환자를 대상으로 하여 그 증상을 완화, 치료를 목적으로 하는 것이다. 둘째는 일반인을 대상으로 현재의 심리, 정서 상태 중 미해결적 요소를 감소시키고 긍정적인 자아상을 발견하여 이를 극대화시키는 것을 목적으로 하는 것으로 '예방적 차원'의 미술 치료가 있다.

예방적 차원의 미술 치료는 내담자에게 국한하지 않고 남녀노소에 이르는 다양한 연령층과 성별을 대상으로 하며, 향후 낮은 자존감, 우울, 불안, 분노, 고립감 등 부정적 태도로 발전할 수 있는 다양한 요소들을 문제의 심각성이 발생되기 전에 예방하는 것에 주안점을 두고 있다. 또 다른 하나의 대상으로 자기 성찰과 성장을 위한 일반인을 더하여 구분할 수 있다.

구체적으로 미술치료의 대상은 자아 정체감 형성, 자신감 형성, 학업부진 문제, 정서적 안정, 대인관계 및 불안 대처 능력향상, 적응을 위한 예방, 부모-자녀관계 증진, 문제 해결력 향상, 바람직한 가치관 형성을 필요로 하는 아동과 성인에게 적용할 수 있으며 청소년들의 학업, 이성, 진로 및 직업, 성격문제 등 다양한 고민과 갈등을 미술 매체와 기법을 통해 해결하고 건강한 자아 정체감과 가치관을 형성할 수 있도록 하며, 부부와 가족 간의 심리적 갈등이나 어려운 문제의 해결과 상호 의사소통을 향상시켜 원만한 부부 및 가족관계 확립과 행복한 가정생활을 영위할 수 있도록 해 준다.

## 2) 미술치료사의 요건

미술치료사는 인성적 자질과 전문적 자질을 갖추어야 하므로 자기 탐색과 성찰로 인격적 성숙이 이루어지고 창의적이고 통합적인 삶의 태도를 갖는 것이 필요하고 미술치료의 이론적 학문적 차원의 전문성과 다양한 임상적 경험이 필요하다.

동시에 미술교육과 미술치료의 개별성을 인식하고 미술치료의 그림(작품)을 관찰할 때 지나친 일반화와 내담자의 그림(작품)을 병리학적 관점으로만 해석하는 것을 지양하여야 한다. 다시 말하여 미술치료는 심리학, 정신의학, 인간학, 철학 교육학, 사회학 등 미술치료학과 연계한 학문분야에 대한 이해를 전제로 정신질환과 정신증, 심리·정서적 부적응 등에 대한 심층적 이해와 고찰을 전제로 한다. 또한 각 미술치료의 대상 중 특히 장애아동 및 청소년을 위한 특수교육의 기반이 필요하다. 무엇보다 이론적 관점에서 미술치료의 다양한 이론적 관점, 진단 및 평가에 대한 안목과 심층적 지식이 수반되어야 한다.

다른 한편 미술실기(소묘, 채색, 점토 등 입체작업, 비정형매체 등)와 매체의 속성에 대한 기초적 학습과 훈련이 이루어져야 실제 임상 현장에서 치료적 개입으로서 매체와 미술작업의 적용이 가능하다. 또한 미학과 미술사의 지식과 미술작업에 대한 이해와 해석능력, 즉 미술치료사로서 내담자의 작품을 읽는 고유하고 독자적인 관점을 습득해야 하는데, 색과 형태, 공간 등 미술조형 요소에 대한 상징적 이해가 필요하다.

가장 중요한 것은 미술치료사로서 내담자의 욕구를 정확히 인식할 수 있는 통찰력과 상호 관계에 대한 양질의 내성과 소통에 관한 훈련이 필요하며, 치료사로서의 멘트와 자기 이미지 관리 등에도 소홀하여서는 안 된다는 것이다. 아울러 미술치료사로서 역량의 함양을 위한 끊임없는 임상감독과 자기 관리와 케어가 이루어져야 하고 실제 임상과 치료, 상담에서의 윤리적 법적 책임에 대한 이해가 필요하다.

## 3) 미술치료의 이론적 배경 이해

1990년대 이래 예술치료의 분야에서 미술치료가 보편화되었음에도 미술치료의 실효성의 증명과 적용의 용이성 등의 문제는 아직 풀어야 할 과제로 남아 있기도 하다. 이에 미술치료의 학문적 근간과 향후 더 많은 이론가에 의해 정립될 미술치료의 이론적 구조의 탐구가 필연적인데 이론적 접근의 의미는 미술치료의 임상적 참조 틀에 중요한 의미를 부여한다.

이는 미술작품과 과정에 대한 '보는 관점(looking perspective)'의 문제와 연관되며 창조적이고 예술적인 치료의 다양성과 진정한 기법에 대한 논의이며 궁극적으로는 미술을 통한 환자와 내담자와의 관계에 대한 절충적이고 통합적인 미술치료 이론의 적용을 위한 토대와 구조라고 할 수 있는데, 미술치료의 배경이 되는 이론은 크게 초기 양육환경의 미해결 이슈와 개인과 집단무의식에 초점을 맞추는 프로이트의 정신분석과 융(Jung)의 분석심리로 나뉘는 정신 역동적 접근, 이 접근과 상대적으로 문제의 핵심을 현재 now&here로 보는 인본주의적 접근(현상학적, 게슈탈트, 인간중심), 학습이론과 발달적 촉진을 그 기반으로 하는 행동적·이론적·발달적 접근으로 이해하여야 한다.

• 정신분석적 미술치료

정신분석적 미술치료는 프로이트를 중심으로 정신 분석가들이 사용하는 자유 연상법이나 꿈의 해석, 저항과 전이의 분석과 해석 등을 기법으로 사용하는 것이다. 특히 자유연상의 경우나 꿈의 내용을 전달할 때는 그림이나 창조적 매체를 사용하는데 아동의 경우 성인에 비해 자유연상의 준비성이 결여되어 있어서 그림의 사용이 언어의 사용보다는 의사소통을 용이하게 하고, 성인의 경우에도 난화나 핑거 페인팅 등을 통해 자유연상을 하게 하거나 연상되는 것을 그리게 하는 방법을 적용하기도 한다.

• Jung학파 미술치료

융은 무의식으로부터 나온 심상을 그려내고 채색하는 데 중요한 역할을 했던 능동적 심상화(active imagination) 기법에 대해서 많이 논의하고 있으며 내담자의 그림은 종합적으로 해석되어야 한다고 지적하고 그림을 지적, 감정적으로 이해할 것을 강조하였다. 융의 분석적 미술치료는 프로이트와 달리 인간의 심상을 임상적 자료로 사용하기보다는 내담자의 개인적 요소와 원형적 요소를 종합하는 방식으로 내담자와 치료사 간의 상호통찰과 이해의 자료로 사용함으로써 미술치료의 목표는 미술 실력을 증진하는 데 있는 것이 아니라 미술이라는 매체를 통해서 숨겨진 자원과 근원을 찾고 이해와 성장과 변형을 증진하고자 하는 데 있다고 본다.

• 현상학적 미술치료

현상학의 기본개념은 의도성(intentionality)이다. 의도성은 내가 보고 있는 것에 열중하는 것이며 우리들의 의식은 어떤 대상과 항상 관계하고 있다는 것을 의미한다. 그래서 내담자들은 의도성을 통해서 새로운 세계를 분석하고 생활 속에서 자기와 관계하는 대상들을 찾으려 한다. 내담자가 자유롭게 선택한 미술매체를 가지고 자유롭게 표현하는 과정이나 자신의 미술작품을 감상하고 고찰하는 과정을 통해서 현상학적 목표를 달성할 수 있다.


• 게슈탈트 미술치료

실존주의 철학이 현상학적 방법에 기초를 두고 있다고 한다면 게슈탈트 치료는 현상학−실존주의 영향과 정신분석, 게슈탈트 심리학의 영향을 받아 정립된 것이다.

게슈탈트 기법의 꿈 작업 기법(dream work)은 미술치료기법과 유사하며 시각적 심상에서 자발적으로 표현을 통해 내담자의 의식을 불러일으킨다. 꿈을 현실화하고 재연시켜서 지금 일어나고 있는 것처럼 재생시키는 것을 목적으로 미술매체를 통해 생생하게 끌어낼 수 있다고 본다.

또한 점토작업 게임이나 느낌에 대한 그림 그리기 기법, 선 게임(Line game) 등의 미술치료방법과 역할놀이, 연주 등과 함께 사용하기도 하는데 구조화된 미술치료에서 내담자에게 정서적으로 괴로움을 겪고 있는 일련의 단어에 대한 분노, 공포, 슬픔, 놀람 등의 감정을 추상화로 그리게 하고 그린 그림을 동시에 볼 수 있게 정리하여 토의한다.

치료사는 선과 형에 포함된 방향성에 유의하여 시선을 끄는 형태를 확인하고 시각적 도형이 내담자의 실제 생활에서의 현재 관심과 어떻게 관련되는지를 질문하여 내담자가 설명하도록 한다. 게슈탈트 미술치료는 내담자와 치료자 사이에 책임감과 정직, 직접적인 의사소통을 강조한다.


• 인간중심 미술치료

인간중심치료 모형은 한 개인은 총체적으로 연구되어야 하고 적용과 편안함보다는 의미와 주체성을 제공하는 자기실현과 성취가 인간 존재의 기본목표이다. 인간중심 미술치료는 정신의 깊은 곳까지 탐색할 수 있는 의지와 힘을 길러 주며 상반되는 선과 악 등 양극성의 태도보다는 인간이 사랑할 수도 미워할 수도 있는 존재라는 신념을 확신케 한다.

미술치료 과정에서 융의 이론과 같이 꿈을 깊은 무의식에서 나온 상징적 메시지로 간주하는 경향처럼 심상의 중요성을 인식하고 통합적 치료에 활용하는데, 즉 꿈의 기억이나 대인관계 개선, 통증의 치료 등에서 소조활동이나 크레용 등으로 그림을 그리게 하는 기법을 사용한다. 통증을 상상하고 통증을 그림으로 그리고, 통증이 몸에서 떠나가는 것을 상상하고 그것을 다시 그림으로 그리게 하는 방법을 응용하고 있다.


• 행동적・인지적・발달적 미술치료

미술치료에서 행동주의적 접근은 행동치료기법을 미술치료에 실제로 적용시킨다는 것을 의미한다. 심리치료와 행동치료는 상호 공유하는 점이 많은데 두 치료는 학습이론에서의 강화를 이용하는 점이나 전이현상의 의존, 통찰의 적용 등 유사한 점이 많이 있다. 행동 치료적 미술치료는 발달장애아동(정신지체, 정서장애 등)이나 행동문제를 지닌 성인에게 유용하다.

미술치료에서 인지적 접근은 인지가 외부세계의 자극을 조절하는 수단이며 인지는 언어와 관련이 있고 인지와 언어는 미술의 상징성과 관련이 있다는 기본적인 이론을 바탕으로 하고 있다.

미술치료의 발달적 접근은 프로이트와 에릭슨, 피아제 등의 발달

이론을 기초하고 있다. 발달적 미술치료라는 용어를 처음 사용한 Williams&Woods(1977)는 인지와 운동능력은 정상이나 정서장애가 있는 아동에게 그들의 기법을 적용하며 효과를 거두었다.

## 2. 미술치료 매체의 이해

일반적으로 미술치료에서 사용되는 매체는 미술교육이나 활동에서 사용되는 미술 매체와 크게 다른 점이 없으며 사용되는 방법들도 중복되는 경우가 많다. 이렇게 같은 재료를 사용하는 공통점이 있는 반면에 미술교육이나 활동에 사용되는 매체는 단지 시각화 작업을 하기 위한 수단으로서 주로 사용되고 미술치료에서의 매체 사용은 우리들 눈으로 확인될 수 없는 내면의 복잡 미묘한 부분을 시각적으로 이미지화하는 도구로서의 중요한 매개체 역할을 한다는 점에서 매체 사용의 의미가 확연히 달라진다.

미술치료에서의 재료 사용과 선택은 내담자가 미술재료를 자유로이 선택하고 사용하여 작업을 하는 것이 아니라 내담자의 임상 상황이나 속성에 적합하고 안정된 재료를 선정하여 내담자로 하여금 자연스럽고 심층적인 내면의 표출을 유도하는 것에 그 의미가 있다. 즉 대상의 심리적 상태에 따른 감정 촉진과 통제에 초점을 둔다. 심리적 상태의 감정 촉진의 한 예로 자신의 감정이나 상태를 작업으로서 표현하는 것에 어려움이 있는 대상의 경우 단순하고 비정형적인 진흙, 물감, 비누거품, 핑거페인팅 등의 재료를 사용하여 내담자에게 작업 시 부담감을 줄여 주도록 하는 경우와 작업에 대한 내담자의 자발성을 자연스럽게 촉진시키도록 유도하는 부분을 들어볼 수 있다. 또한 대상의 심리적 상태에 따른 감정통제로는 자기 통제가 어렵고 산만한 대상일 경우 연필, 색연필 등과 같은 딱딱한 느낌의 매체를 사용하도록 하여 산만한 행동을 통제하도록 유도하고 불균형적이고 불안정한 감정과 행동을 조절하는 데 윤활제 역할을 한다.

다시 말하여 미술교육은 창의적 표현을 위해 기능하는 재료 위주로 위험성 수반하고 미술치료에서는 내담자의 상황을 개선을 위하고 효과적 내면표출을 위해 기능하는 것에 초점을 맞추어 안전성을 충분히 고려하게 된다.

## 1) 미술치료의 도구로서 미술매체

미술치료에서 미술매체는 미술치료가 이루어질 수 있는 핵심 매개로서의 매체에 대한 이해의 기반 위에서 미술매체, 작업과정, 작품의 상호의존적 관계를 통찰하여야 한다.

미술활동은 문학, 음악, 연극과 달리 시간적으로 영속성이 포함되기 때문에 조형적 산물의 생산을 가능하게 하는 표현매체가 필요하게 되며, 표현매체의 선정과 활용방법이 표현 결과에 큰 영향을 주기 때문에 다양한 매체가 필요하다.

미술매체를 미술치료를 위한 재료로서 활용 시 유의할 점은 내담자가 용도, 특성, 사용 방법을 알고 있는 기본재료부터 점차 적절하게 새로운 재료를 소개하여 활용범위를 넓히고, 재료종이, 크레파스, 물감 등 기본 재료는 내담자가 자발적으로 사용할 수 있도록 쉽게 손이 닿는 곳에 위험한 재료는 반드시 치료자의 통제에 의해 사용할 수 있도록 손이 닿지 않는 곳에 놓아두어야 하고, 내담자의 유형, 심각 정도, 치료목표 및 진행상 등에 따라 재료 선택에 세심한 주의를 기울려야 하는데 상기한 바와 같이, 물감, 핑거페인트, 물기가 많은 점토 등은 단순하고 기본적인 재료로서 퇴행을 촉진시키기 쉬우므로 경직된 내담자에게 유용하지만 충동적이거나 자아경계가 불분명한 내담자에게 더욱더 충동적 성향을 심화시킬 수 있다.

반면 색연필, 사인펜과 같은 딱딱한 재료는 높은 통제력을 지닌 재료로서, 충동적 성향을 통제하기 용이하다. 내담자의 성격과 반대성향의 재료를 제공하는 것은 그의 내면세계에 억압된 부분을 재통합하는 기회를 줄 수 있기 때문이다.

또한 자기 주변에서 구하기 쉽고 적은 경비로서 언제든지 사용할 수 있는 효율적인 재료면 더욱 좋은데 향토적인 소재로 내담자 생활 주변에서 가장 가까운 것으로 선택할 때 내담자가 두려움이나 거부감 없이 흥미와 관심을 가지고 작업에 임하며 자신의 감정을 자연스럽게 다룰 수 있을 것이다. 다른 한편, 무엇보다 질이 좋은 재료를 사용하여야 하는데 잘 부러지는 연필과 굳어 버린 물감 및 구겨진 종이, 뻣뻣한 붓 등은 내담자의 심리나 작업행위를 위축시켜 좌절감을 경험할 수 있다.

치료사는 항상 내담자 편에서 표현재료의 변화를 주어야 하는데 기초가 되는 평면재료인 종이의 크기나 모양과 색상 등이 언제나 비슷한 것보다 화지의 크기와 형태, 색상에 변화를 주면 아동의 흥미와 표현 욕구는 현저히 상승한다. 표현재료에 변화는 치료가 진행됨에 따라 내담자가 자율적으로 또한 치료사가 계획적으로 주어야 한다. 회기별 재료의 수는 내담자의 수용능력을 충분히 고려하여 결정하는

데 자아기능이 미성숙할 경우 동시에 많은 재료를 제공하면 오히려 혼란을 초래할 수 있음에 유의하고 항상 위생성과 안정성이 보장되는 재료를 활용해야 한다.

로웬펠드의 자아 동일화를 촉진하는 미술매체의 속성에 대하여 살펴보면 다음과 같다.

- 미술매체는 표현하고자 하는 어린이의 욕구에 알맞아야 한다.
- 미술매체와 미술표현은 분리할 수 없을 정도로 하나가 되어야 한다.
- 제작순서와 재료는 어떤 다른 것으로 대처될 수 있는 것이어서는 안 된다.
- 미술매체는 발단단계를 고려하여 선택되어야 한다.

---

예. 수채화물감
- 난화기: 난화기를 거치는 동안의 충동은 근육 활동과 동일화된다. 근육 운동 감각을 자유롭게 도와주는 것으로, 흘러내리는 수채화물감은 칙칙한 덩어리가 되어 어린이의 움직임을 분간할 수 없게 하며 물과 물감에 붓을 적시는 시간 동안 자주 끊어지게 되므로 난화기 욕구를 방해하는 적합하지 않은 재료이다.
- 8세: 환경에 대한 정서적 유대는 자기 자신의 개념을 추구함으로써 의미를 가지게 되고 개념들은 반복을 통하여 점차 도식화된다. 도식의 반복을 통해 자신의 환경에서 질서를 찾으려는 욕구를 반영한다. 개념을 파괴하거나 변화시키는 우연한 농담의 변화나 물감의 흘러내림과 같은 우연한 효과는 별 의미가 없다. 포스터물감이 더 효과적이다.
- 12세: 자신이 사회적으로 환경의 한 부분임을 발견하게 된다. 새로운 것을 발견하고 경험하며, 환상적인 이야기를 읽기 좋아한다. 또한 미술로 새로운 사회적, 정신적 인식을 표현할 것이며 탐구와 실험에 대한 자신의 태도를 보여 줄 것이다. 수채화물감의 여러 특성이 새로운 발견과 자연의 역동적인 표현을 추구하는 데 도움을 주며, 특히 시각적인 자극에 대한 어린이의 욕구를 충족시켜 준다.

-16세: 자신의 환경뿐만 아니라 제작한 작품에 대해서 비판적으로 인식할 수 있게 된다. 수채화물감이 제작기법에서 간섭을 받지 않고 자신이 원하는 것을 표현할 수 있는 매체가 될 수 있으나 자신의 주관적인 관계를 설명하는 데 필요한 강하고 불투명한 성질을 수채화물감에서는 발견하지 못하기 때문에 표현에 장애가 될 수도 있다.

## 2) 매체의 종류와 특성

① 매체의 종류
- 건성(드로잉, 건성페인팅) 재료: 연필, 목탄, 색연필, 크레파스, 파스텔, 콩테, 펜
- 채색(습성페인팅) 재료: 투명 수채물감, 템페라, 과슈, 아크릴, 유화, 수묵화, 먹물
- 바탕재료: 화지(한지, 캔트지, 티슈, 젖은 종이, 골판지, 목탄지, 인쇄용지, 마분지, 우드락 등), 캔버스, 사포지, 천
- 점토(모델링) 재료: 흙 찰흙(청기토, 옹기토, 백토), 지점토, 종이 찰흙, 고무찰흙, 칼라믹스, 석고, 모래, 스펀지 찰흙
- 혼합(미술외적 재료) 재료: 각종 인쇄물, 사진, 자연 오프제, 인공 오프제, 음식재료
- 접합재료
  - 종이, 목재: 용성 테이프나 접착제(풀, 아교, 오공본드)
  - 플라스틱, 고무, 가죽: 합성고무 접착제, 황색본드, 3초 본드
  - 아크릴판: 투명본드
  - 금속재료, 돌: 글루건

• 콜라주: 신문, 폐 잡지, 사진 등

〈그림 2-1〉 목탄지 위에 목탄화

〈그림 2-2〉 목탄 야외스케치

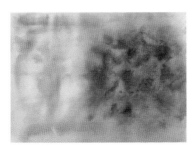

〈그림 2-3〉 수채 물감을 이용한
물감번지기

〈그림 2-4〉 핑거페인팅 물감을 이용한
페인팅

〈그림 2-5〉 폐 잡지를 이용한 콜라주

〈그림 2-6〉 석고를 이용한 신체 본뜨기

〈그림 2-7〉 음식재료를 이용한 요리 프로그램　　〈그림 2-8〉 한지를 이용한 조형작업

② 매체의 특성

미술치료에서의 매체는 내담자의 현 심리·정서 상태나 변화의 과정을 가늠하는 매우 중용한 속성을 지니므로 내담자의 심리적 자아의 방어와 경계정도를 조절하고 내면을 조심스럽게 외부로 표출하는 촉매제의 역할을 하도록 그 특성을 잘 이해하고 적용해야 한다.

치료사는 재료 자체의 자아 통제성이 가장 낮은 유형인 젖은 점토부터 가장 높은 통제 유형인 연필까지의 각각의 매체의 통제수준을 고려하도록 하여 내담자의 심리와 발달 상태에 알맞은 적절한 매체유형을 선택하는 것이 필요하다.

다음은 미술매체를 촉진과 통제, 통제의 정도에 따라 구분한 예이다.

〈표 2-1〉 미술매체의 특성(1987, Landgarten)

| 젖은 점토 | 그림물감 | 부드러운 점토 | 오일파스텔 | 두꺼운 켄트지 | 콜라주 | 단단한 점토 | 얇은 켄트지 | 색연필 | 연필 |
|---|---|---|---|---|---|---|---|---|---|
| 1 | 2 | 3 | 4 | 5 | 6 | 7 | 8 | 9 | 10 |

가장 낮게 통제(또는 촉진, 이완)　　　　　　　　　　가장 높게 통제

# 3. 미술치료 기법과 프로그램

미술치료의 기법은 크게 진단의 형태와 치료의 형태로 나눌 수 있다. 진단의 형태는 주로 그림검사나 자유화, 난화 기법과 관련한 프로그램 등이 있고, 치료의 형태는 각 매체를 이용한 매우 다양한 프로그램이 있다.

## 1) 미술치료 기법의 적용

미술치료 기법은 매체의 제시와 매우 긴밀한 관계가 있어 적절한 시기의 매체의 적용은 미술치료 기법과 직결되는 매우 중요한 사안으로 일반적으로 내담자로 하여금 미술매체를 자유로이 선택하도록 하는 것이 좋지만 때로는 지시적으로 미술매체의 제시가 도움이 될 때도 있다.

어느 경우는 가는 붓이 스케치에 더 좋다든지, 조각할 때 점토가 진흙보다 더 적절하다든지 하는 것은 실제 미술치료의 기법적인 문제이다. 예를 들면 시각장애아의 경우에 촉각을 자극하는 점토 만들기를 제시함으로써 변화의 과정을 촉진할 수 있고, 작품을 통한 대화를 통해서 아동의 갈등이나 증상의 배후에 있는 무의식적 사고를 명료화할 수 있을 것이다.

미술치료 기법의 적용에서 미술치료사는 다음과 같은 내담자의 몇 가지 저항(주로 미술치료 초기 내담자가 미술치료를 거부하거나 불편해하는 여러 가지 양상들)과 이에 대한 대처에 유의해야 한다.

• 내담자가 과도한 언어화를 나타내는 경우

과도한 언어화는 하나의 저항으로 간주할 수 있다. 위협적인 자료, 특히 심상적인 형태로서의 자료에 대한 억압을 암시할 수 있는데 만약 이러한 저항이 발생할 경우에는, 오른쪽 뇌의 기능으로의 전환이 바람직하다. 만약 과도한 언어화가 주지화나 합리화와 같은 방어기제에 의한 경우에는, 미술치료 경험에서 감각적 구성요소와의 재확립이 쉽게 이루어진다.


• 내담자가 언어화의 결핍이 심할 경우

반면에 언어화의 결핍은 또 하나의 저항일 수 있다. 이 경우에는 인물 사진을 오려 낸 콜라주나 글이 적힌 풍선에 매달린 물체에 대한 심상을 그리게 하고 이러한 심상에 대한 언어적 인지요소를 결합함으로써 저항을 감소할 수 있을 것이다. 또는 내담자로 하여금 이미 떠오른 심상을 선택하도록 하고 그 심상에 대한 단어적인 연상을 글로 적게 함으로써 오른쪽 뇌와 왼쪽 뇌의 기능을 통합할 수 있을 것이다. 언어화의 결핍은 때로는 개인의 성격의 새로운 부분이 발생되고 있으나 그 자신이 그에 대한 언어적 명칭을 명확하게 인식하지 못하고 있음을 암시할 수 있다. 이러한 경우 심상에 대한 적절한 미술과 언어 표현은 심상과 관련된 정서에 대한 탐구를 가능하게 하여 내담자의 문제적 이슈를 해소하게 한다.

수채화, 묽은 점토와 같은 액체 도구의 자유스러움은 새롭게 나타나고 있는 구조에 대하여 시행착오를 통하여 구체적인 형성의 기회를 제공할 수 있고 내담자의 심장 박동, 호흡의 증가, 그 밖에 주먹 쥐기나 발을 떠는 행위와 같은 운동성 활동과 같은 생리적 상태는 심상 형성과 정서의 표현을 시작해야 할 시점을 치료사에게 제공한다.

- 내담자가 과도한 운동 요소를 보일 경우

만약 과도한 운동 요소가 나타나는 것은 바로 시각적 표현을 하지 말아야 한다는 신호인데, 일반적으로 시각적 표현은 과도한 정서, 운동 활동이 나타날 경우에는 금해야 한다. 때로 과도한 정보의 흐름을 통제하기 위하여 암석이나 나무 또는 플라스틱과 같은 매우 저항적인 재료를 미술 치료에서 사용할 수 있는데 과도한 정서, 운동적 활동이 보다 덜 극단적으로 나타날 경우에는, 매 치료 회기마다 일정한 구조적인 미술치료를 제공함으로써 저항을 감소시킬 수 있을 것이다.

## 2) 미술치료 기법과 프로그램의 예

### ① 진단 기법 형태의 프로그램

- 나무그림검사(Tree-test)

한 장의 종이에 나무를 그림으로써 심리· 정서적·신체적 상태, 즉 자신에 대한 자아상의 인식, 심리 환경적 요인에 대한 반응 양상, 현재 발달과 내적 에너지의 역동에 대해 분석하고, 그림에 대한 전체적인 분위기, 나무의 기본적인 요소인 뿌리, 줄기, 나무, 수관의 구성 여부와 추가로 꽃, 잎, 열매 등의 표현 양상을 파악하고 필압, 형상, 위치와 공간구성 등을 분석하였다.

〈그림 2-9〉 나무그림
검사(11세/남)

- 가족화(Draw a Family: DAF)

〈그림 2-10〉 가족화(30세/여)

가족화와 동적 가족화는 가족을 그리게 하여 내담자의 심리나 가족의 체계 및 가족 지각을 파악한다. 가족화(Draw a Family: DAF)와 동적 가족화(Kinetic Family Drawing: KFD)는 지시가 다르며, 후자가 더 역동성 파악에 좋다. 해석에 있어서는 인물상의 행위와 그림의 양식(구분, 포위 등), 상징(책상 등), 그림의 역동성(크기, 거리, 방향, 생략 등) 등을 기준으로 하여 진단한다. 가족화는 진단에도 활용하고 가족치료에도 사용할 수 있는데 개별치료는 KFD를 통해서 개인의 내적 문제 및 가족 내의 관계를 드러내게 하여 스스로를 통찰할 수 있게 하는 것이며, 합동가족치료는 가족전원이 KFD를 그리게 하여 가족전원이 심상을 형상화하면서 피드백할 수 있다.

- 학교생활그림(Kinetic School Drawing: KSD)

〈그림 2-11〉 학교생활그림(17세/남)

학교생활그림은 아동의 학교생활을 파악하는 데 좋으며, 치료에도 활용하고 가족화와 함께 받아보면 아동생활 전체를 이해하는 데 유용하다. 교사, 친구, 본인을 포함해서 그리게 하는데 대부분의 아동은 학교생활에 대한 그림을 거부하는 경향이 적다.


• 풍경구성법(Landscape Montage Technique: LMT)

풍경구성법은 도화지에 "강, 산, 밭, 길, 집, 나무, 꽃, 동물, 돌, 만족하지 않다고 생각하는 것"을 순서대로 그려 넣게 하고 하나의 풍경이 되게 채색하도록 한 다음 그것에 대해서 계절, 시각, 기후, 내의 흐르는 방향, 사람과 집, 밭 등의 관계에 대해서 이야기한다. 치료 가능성의 평가와 문제점의 추측과 관찰에 유용하고 진단과 치료에 모두 사용할 수 있으며, 모래상자 놀이치료 전문가들이 즐겨 쓰는 방법이다.

〈그림 2-12〉 풍경구성법(35세/여)

- 빗속의 사람 그림검사(PITR: Person In The Rain)

빗속의 사람 그림은 인물화를 변형한 검사로 사람 그리기를 기본으로 하여 비가 내리는 장면을 첨부한 것이지만, 결과들이 독특하고 풍부한 정보를 제공해 주고 있기 때문에 많이 활용되고 있다. 이 기법을 처음 고안한 사람은 Arnold Abrams와 Abraham Amchin이라고 알려져 있다 (Hammer, 1969). 그림을 그린 사람의 스트레스 정도나 대처방법을 파악할 수 있는데 비는 외부적 곤란이나 스트레스 상황을 의미하며, 그림 속의 사람이 비에 대해

〈그림 2-13〉 빗속의 사람 그림검사(32세/여)

어떻게 대처하고 있는지를 통해 외부자극이나 스트레스를 대처하는 정도를 파악할 수 있다.

② 치료 기법 형태의 프로그램
- 자유화

자유화는 내담자가 제재나 방법을 스스로 결정하여 그리게 하는 것으로서 진단과 치료에 모두 활용한다. 내담자의 자발적인 표현은 무의식을 의식화하는 데 크게 도움이 된다.

〈그림 2-14〉 자유화(즉흥 연상화)(16세/남)

• 동그라미 기법

동그라미를 도화지에 미리 그려 주고 그림을 그리게 하는 방법이다. 동그라미를 그린 후 그 안에 점을 하나 찍어 주어 표현을 촉진할 수 있고 이러한 방법은 심리적으로 허약한 내담자를 지지해 줄 수 있다. 또한 부모와 자기상 또는 가족 전체를 그리게 하는 동그라미 중심가족화도 사

〈그림 2-15〉 만다라 그리기(11세/여)

용할 수 있어 동그라미 중심에 중요한 인물이 배치된다는 원리를 응용하고 있다.

최근에 사용되는 '만다라 기법'도 원이 지니고 있는 인간의 마음의 전체성과 인간과 자연과의 관계를 나타내는 우주관 내지는 종교성에서 도래한 것으로서 자아정체감 확립이나 심리적 통합에 유효한 기법이다.

• 꿈의 활용

정신분석적 미술치료에서 꿈을 활용하듯 말로 표현하는 것보다 그림으로 내적 심상과 의사의 표현이 용이한 경우 꿈을 그리게 할 수 있다. 예컨대, 꿈

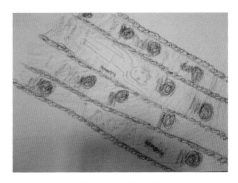

〈그림 2-16〉 꿈(27세/여)

을 그리게 함으로써 악몽을 통한 경험을 명료화하고 이야기함으로써
꿈에서 상징화된 분노의 충돌들을 잘 이해하도록 도울 수 있다.

• 난화 그리기

누구든지 난화는 쉽게 그릴 수 있어 미술치료사들은 종종 그림 그
리기를 어려워하는 환자들에게 난화를 그리도록 한다. 특별한 도식이
나 보편적인 양식에 익숙하여, 특히 상상력이 부족한 아동에게 난화
는 도움이 된다. 난화는 환자로 하여금 긁적거리기를 통해 창조하지
못했던 이미지를 발견하고 그리도록 해 주며 내담자 내면의 숨어 있
는 이미지가 출현하도록 도와준다.

이러한 난화의 장점을 이용한 것이 '난화이야기법'이다. 이 방법은
난화법과 이야기법을 종합하여 응용한 것으로 치료사와 내담자가 각
기 서로 제시해 준 난화에 이미지를 찾아 형상을 그리고 서로 번갈아
가며 이야기를 만들어 나간다. 이때 난화에서 이끌어 낸 심상의 형성
이 치료에 중요한 의미를 지닌다.

〈그림 2-17〉 즉흥 난화(27세/여)

최근에는 난화와 콜라주를
함께 사용하기도 한다. 이 기
법은 중증장애아보다 경도장
애아나 말을 할 수 있는 아동
에게 더 좋으나, 말을 못하거
나 하지 않는 아동들에게도
발어나 언어화의 자극에 유
용한 기법이다.

• 색채 선택하기

색채 선택법은 내담자가 좋아하는 색을 선택하여 그것을 사용하여 그림을 그리게 하는 방법이다. 가족체계 진단법에서도 채색을 원하는 경우 크레용을 자유롭게 선택하여 사용하게 하는데 이는 자유의 부여가 책임의식을 유도할 수 있다는 실존주의임상철학에 그 기반을 둔다.

• 콜라주

콜라주 기법은 최근에 가장 많이 사용되는 미술치료 기법이다. 거부의 감소, 분노의 노출, 희망에 대한 상징 등 다양하게 활용할 수 있다. 표현이 쉽고, 그리기보다 정확한 감정 전달이 우수하나 선택할 수 있는 사진 매체가 많아야 한다. 자기감정을 나타내기, 가족이나 친구에게 말하고 싶은 것, 선물로 주고받고 싶은 것, 타인에 대한 느낌 표현, 문제의 예방 및 대처 방법 등을 쉽게 표현할 수 있다.

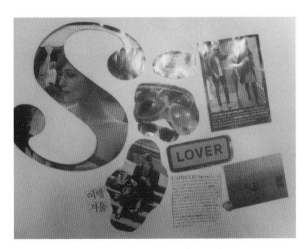

〈그림 2-18〉 나의 희망(25세/여)

• 조소로 표현하기

〈그림 2-19〉 자소상 제작 장면

조소는 촉지각과 관계하는 조형 활동이다. 그리기가 중심이 되는 미술치료 영역에서 매체의 연구에 중요한 대상으로 조소 활동법은 점토로 인물상을 만들거나 자기의 느낌을 표현하게 하여 해석하게 한다. 묽은 점토는 수채 물감과 같이 액체 도구로서 언어화가 결핍된 내담자에게 유용하며 과도한 언어화를 나타내는 사람들에게는 감각적 요소를 강조할 때 사용한다. 특히, 분노나 적개심의 표현, 대상관계가 부족한 내담자의 치료에 유용하다.

• 신체 본뜨기

〈그림 2-20〉 전신 신체
본뜨기(25세/여)

누구나 자신의 신체를 매우 중요하게 생각하고 가치를 부여한 미술작품을 통해 자신의 신체개념이나 신체이미지로부터 긍정적 또는 부정적 자기 개념을 형성한다. 이 기법은 자기의 손을 도화지에 놓고 본을 떠서 각 손가락에 자기가 하고 싶은 말을 적어 표현케 한다. 또는 신체본뜨기는 큰 종이를 벽에 붙여 놓고 내담자의 신체와 같은 크기로 본을 떠 준 후에 스스로 장식하게 한다. 이러한 활동으로 긍정적인 신체이미지나 자기 존중감을 갖게 할 수 있다.

• 감정사전 만들기

감정차트 만들기는 도화지에 몇 개의 칸을 구분하고 최근의 감정을 그리거나 색종이로 나타내게 한다. 감정을 표현한 후에 모든 인간은 불편한 감정을 가지고 있음을 확인시킬 수 있다. 칸 없이 한 장의 종이에 표현할 수 있으며 스펙트럼 형태의 띠로도 나타낼 수 있다.

# 4. 미술치료의 계획과 진행

미술치료를 계획하고 진행하는 문제에 있어 중요한 기준 사안은 치료대상, 치료 목적, 치료형태, 치료 기간의 결정이다. 치료대상은 자기성찰과 성장을 위한 대상과 예방적 차원의 대상, 치료적 차원의 대상으로 나눌 수 있으며, 치료목적은 매우 중요한 부분으로 환자가 안고 있는 문제로 이는 치료사의 이론적 기반과 매우 밀접한 관계를 가지기도 한다.

또한 치료형태는 개인과 보통 2~3명의 가족이나 부부치료 등 소집단, 집단 치료로 나눌 수 있다. 치료기간은 환자의 요구와 능력을 고려하여 단기간이나 장기간으로 나눈다.

## 1) 미술치료의 기간과 진행형태

일반적으로 주 1, 2회 실시하며 1회에 약 60분에서 90분 정도 소요되고 보통 단기는 약 10~20회기 정도, 장기는 20회기 이상부터 1년 이상 정도를 예시할 수 있으나 전반적인 시간과 소요기간은 내담자의 집중력에 따라 조절될 수 있다.

미술치료의 진행 형태는 내담자가 주제와 재료를 자유롭게 선택하는 비지시적 방법과 치료자가 주제와 재료를 제공하는 지시적 방법이 있다. 집단의 크기, 치료기간, 내담자의 성향, 치료의 진행단계 등에 따라 적용하나 비지시적 형태는 대체로 치료기간이 장기적이고 내담자의 자아 능력이나 응집력이 충분할 때 적합하다. 반면 지시적 방법은 치료기간이 단기거나 내담자의 자아능력이 미성숙하거나 치료 초기에 시작의 어려움을 보이거나 미술에 대한 부담감이나 고정관념을 갖은 상태 등 저항을 보이는 내담자에게 유용하다. 일반적으로 미술치료에서는 어느 한 가지 방법만으로 구성하기보다 지시적 방법과 비지시적 방법을 병행하는 경우가 많다.

## 2) 치료과정

미술치료의 계획에 따라 실제 진행은 보통 초기, 중기, 후기로 나뉘며 초기에서는 환자에 대한 정보 파악이나 간단한 그림 진단을 실시하며 내담자와 치료사 간 라포를 형성하는 것을 주요 목표로 한다. 무엇보다 치료과정에 대한 동기유발을 할 수 있는 미술매체와 활동이 준비되어야 하며 전체적 회기에 대한 설명과 규칙도 이 시기에 제시한다. 이 과정에서는 환자에 대한 새로운 문제를 재탐색하기도 한다.

중기는 구체적인 미술활동을 통한 치료적 개입이 이루어지는 시기로 환자가 자신의 내면의 이면을 표출하기도 하며 주도적인 분위기를 만들어 가고 이를 지속적으로 유도하여 환자나 내담자가 자신의 문제를 통찰하고 점차 해소해 가는 과정이다. 후기는 치료목표가 이루어지는 시기로 내담자와 치료사가 변화를 느끼고 실제 심리·환경적인 상황과 생활에서의 변화도 이루어진다, 무엇보다 이 시기는 종결을 미리 준비하는 일이 매우 중요하다.

여기서 한 회기를 기준으로 한 미술치료의 진행과정을 살펴보면, 일반적으로 미술매체의 소개와 함께 도입, 미술활동을 통한 창작과정, 결과물, 즉 구체적으로 표현된 작품을 통한 심리적 피드백, 토론의 순서로 진행된다.

첫 번째 도입부분은 서로 친밀해지면서 편안한 분위기를 조성하는 가운데 치료사가 회기에 이루어질 프로그램 주제와 미술매체에 대해 소개한다. 두 번째 미술활동을 통한 창작과정은 내담자가 적극적으로 자신만의 작업에 임하는 단계로 미술활동에 집중하고 몰입하는 경험을 할 수 있도록 불필요한 대화나 관여를 하지 않는다. 세 번째 토론과 피드백 단계에서는 자신의 작품을 다시 살펴보며 치료사나 집단원 간 상호 피드백을 통한 통찰이 이루어져 내담자 자신의 내적 문제와 미해결 과제와 만나고 해소해질 수 있는 계기가 마련된다. 이 과정에서 치료사는 주로 작품을 시작할 때와 만들 때 그리고 끝났을 때의 느낌은 어떠한가, 어떤 부분이 마음에 드는가, 이유는 무엇인가, 만약 작품을 수정한다면 어느 부분을 어떻게 수정하겠는가 등을 질문할 수 있다.

미술은 언어보다 자아의 검열을 덜 받기 때문에 무의식의 내용이
나 갈등이 잘 표현되어 미술활동을 통한 작품을 통찰하며 피드백하
는 과정에서 자신도 모르는 새로운 단서나 매우 진솔한 내용과 만날
수 있다.

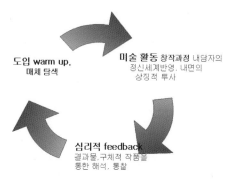

〈그림 2-21〉 미술치료 한 회기의 진행 순서와 내용

이와 같이 미술치료는 보통 초기면담, 면담 이후 미술치료 초기과
정, 중기과정, 후기과정, 종결의 과정으로 나누어 진행되고 이 과정에
서 기록과 평가가 필요한데 초기 면담 시는 초기 면접지를 작성하고,
회기마다 미술치료 일지를 작성해야 하며 미술치료 종결 시에는 최
종 보고서도 작성해야 한다.


## 5. 개인미술치료와 집단미술치료

미술치료의 형태에는 개인 미술치료와 둘 이상의 소집단과 부부치

료나 가족치료를 포함한 6~7명 단위의 집단 미술치료가 있다. 실제 미술치료도 개인치료와 집단치료로 나누어 실시할 수 있으며, 어떤 심리치료의 이론을 기본 관점으로 하느냐에 따라 그 진행절차에 차이가 있을 것이다. 다음은 개인미술치료와 집단미술치료의 특성에 대하여 기술한 것으로 제4장의 개인과 집단 미술치료 사례의 이해에 도움이 되고자 한다.

## 1) 개인미술치료

개인 미술치료에서 정신분석적 미술치료를 도입하는 경우는 내담자가 부정적 감정을 나타내는 것을 시작으로 하여, 미술치료사가 자유연상, 꿈의 분석, 최면 등을 통해 내담자의 갈등을 탐색할 것이다. 이어서 치료사는 내담자의 그림과 언어내용에서 갈등의 핵심, 주제 내용과 관련된 행동을 추리하게 되고, 치료사는 전이현상에서 내담자의 갈등이 표면화되도록 한다. 또한 내담자의 저항적인 작품의 활동이나 언어 반응을 해석하게 되며, 그러한 해석에 대한 내담자의 반응 및 수용을 격려함으로써 종결단계에 접어들게 된다. 따라서 내담자는 부정적 감정이 감소 및 제거되고, 정신에너지가 해방되며, 자아 통정력 및 통찰이 생기게 된다.

인간중심의 미술치료일 경우는 상담이나 심리치료를 의뢰해온 내담자와 치료자 간에 먼저 치료관계가 정립될 것이다. 즉 미술활동을 통해서 어떻게 내담자를 도와주며, 그 절차는 어떻게 할 것인가 등에 대해 관계를 정립한다. 이어서 치료자는 정서반응에 대해 반영, 수용, 인정, 명료화 등의 기법을 사용하게 될 것이고, 내담자는 문제행동에 대한 대안적 선택과정을 탐색하고 긍정적 사고를 하기 시작할 것이며 통정, 문제행동의 증상 감소 등을 거쳐 지각된 자신과 이상적 자신 간의 조화를 찾게 될 것이다.

## 2) 집단미술치료

집단미술치료는 집단 심리치료에 미술치료에 도입한 것으로 만남이나 기타 집단들이 대중화된 1960년대에 생겨났다. 여기서 그림은 내면세계에 간직된 인간 감정을 자유롭게 꺼내는 것과 동시에 언어로서 서로 부딪치는 감정의 위기의 완충제가 되며, 카타르시스 효과를 가지는 것과 함께 감정 교류의 조정 역할을 한다.

따라서 집단미술치료를 목적으로 하는 것은 집단의 한 일원으로서의 개인적 체험이고 치료사와 내담자, 내담자와 내담자 상호 간의 교류 가운데서의 자기통찰이며 나아가 자신의 이미지를 시각화한다는 회화의 특수성에 의해 치료사는 내담자의 정신세계를 좀 더 정확하게 파악할 수 있다.

미술은 내면에 간직된 감정을 자연스럽게 드러내는 것을 돕고 언어로써 부딪치는 감정의 위기를 완화시키며, 카타르시스뿐 아니라 감정 교류의 조정역할을 증진시키고 대인관계와 다른 환경과의 만남에서 개인을 돕는 데에 그 목표를 두고 있다.

집단미술치료는 대개 사람들이 감정이나 문제 또는 갈등을 표현하고 통찰력을 가지며, 고통스러운 감정이나 경험들을 해소하는 데 도움이 되도록 고안된다. 그것들은 집단 내 개인의 미술제작 경험들을 강조하거나 미술활동을 통해 집단구성원 간의 의사소통과 집단의 역동성에 더 초점을 맞춘다(Malchiodi, 2000). 또한 집단 치료는 불안을 감소시켜 주고 개인들이 언어로써 감정을 다루는 능력을 키우고 자존심을 유지하기 위해 과거보다 현재를 사용하는 능력을 증가시킨다(대한노인정신의학회, 1998).

한편 집단치료는 예술요법의 적용에 있어 표현하는 능력을 키우는 것으로, 작품에 대해 함께 느끼며 수용하는 감정을 연마해 환자들의 작품을 있는 그대로 받아들이는 것을 의미하는데, 집단미술 작업과정에서 동일한 주제를 가지고 그림을 그리거나, 협동 작업을 통해서 좀 더 가까워지고, 공동체 의식을 갖게 되어 우울 감소에 효과가 있을 뿐만 아니라, 집단원이 같은 주제와 미술재료를 가지고 각 작품마다 특별한 가치가 있음을 인정하고 존중받고 지지받음으로써 자존감 향상과 우울과 불안이 감소될 수 있을 것이다.

따라서 집단미술치료는 참여하는 것만으로도 수동성이 감소하고 자신의 억눌려 있던 감정이나 요구를 배출하는 계기가 되며, 에너지를 얻을 수 있어 상징적 이미지에 의해 감정이나 사고의 표현이 가능하므로, 노인집단미술치료의 경우 노인의 특성과 표현 수준에 맞추어 노인들이 표현할 수 있는 계기를 마련해 주고, 동시에 또 다른 표현 능력을 발견하고 발전시킬 수 있다. 이러한 집단 미술치료의 집단 역동의 경험과 더불어 타인과 함께 공감하고 이해하는 프로그램을 활용하는 집단 치료의 방법은 미술활동을 통해 언어에 대한 방어기제를 가진 모든 내담자들에게 유용한 자기표현의 훈습이 될 수 있다.

집단치료의 권위자인 Yalom은 집단에서 발견되는 '치료적 요인'을 다음과 같이 말하였다.

첫째, 희망 심어주기로 이는 환자의 긍정적 기대를 강화시키고 부정적인 선입견을 제거한다. 둘째, 보편성이며 특히 초기 단계에서 나만 이렇다는 환자의 느낌이 사실이 아님을 보여 주는 것으로 환자에게 상당한 위안이 된다. 셋째, 정보전달인데 치료사나 환자들이 주는 충고, 제안 또는 직접적 지도뿐만 아니라, 치료자가 제시해 주는 정신건강 일반 역동에 관한 교수적 강의 등도 포함된다. 넷째는 이타주의이다. 치료집단에서 환자들은 주는 행동을 통하여 받게 되는데 이는 상호 주거니 받거니 하는 순서의 일부분일 뿐만 아니라 준다는 행위 자체로 받게 되는 것이다. 다섯째는 초기가족의 교정적 재현이다. 치료집단은 권위 있는 인물이나 부모 역할을 하는 인물, 형제와 같은 동료 등 적대감이나 경쟁적인 감정뿐만 아니라 깊은 친밀감 등이 존재한다는 측면에서 가족과 공통점을 갖고 있다. 여섯째는 사회화 기술의 발달이며 이는 다양한 집단치료 중 모든 집단치료에서 작용하는 치료적 요인이다. 일곱째는 모방행동인데 치료자나 다른 환자의 행동을 관찰하고 모방하는 것을 뜻하며 집단치료자들의 자기개방이나 지지와 같은 특정 행동들이 본보기가 됨으로써 집단의 의사소통 양식에 큰 영향을 미친다는 상당한 증거가 있다. 집단미술치료를 통해 집단원은 카타르시스를 느끼게 되는데 이는 고통스럽거나 외상적인 사건들을 극복하고 슬픔이나 상실에서 오는 불안, 공포, 우울함, 기타 감정을 나누는 데 유용하다.

PART 03

# 아동과 성인의 발달특성과 미술치료

PART 03 에서는 제5장에서 제시할 미술치료사례에서
미술치료 연구대상이 다문화이주여성과 다문화 가정의 자녀로
대상의 발달특성에 대한 기본적인 이해를 돕기 위해 성인과 아동의
발달 특성과 이에 따른 미술치료의 방향에 대한 내용으로
할애하였다. 다문화 가족미술치료의 대상은 각 발달특성에서 1장에서
살펴본 바와 같이 기본적으로 안고 있는 심리·정서적·사회적
미해결 문제를 가지고 있어 실제 미술치료의 진행에서는 각
발달특성을 심도 있게 이해하고 접근해야 할 것이다.

아동과 성인의
발달특성과 미술치료

# 1. 아동의 발달특성과 미술치료

## 1) 아동기의 발달특성

아동기는 7~12세 사이의 시기로서 학교 교육을 통하여 필요한 지식과 기술을 습득하게 된다. 아동기의 발달특성은 다음과 같다.

### ① 신체적 특성

신체발달은 영·유아기에 비해 완만하여 성장의 잠재기라고도 한다. 반면 신체에 대한 자기통제력 높아지며, 이 시기가 되면 대부분의 운동기술 습득을 완수한다. 10~11세경에 사춘기로 진입하며 급성장을 경험하며, 12세경에 이르면 뇌의 중량은 성인의 약 95% 정도로 성장하게 되며 근육조직은 6세 때 근육조직의 2배 정도까지 성장한다.

### ② 인지적 특성

인지적으로 볼 때 5~7세는 전조작기에서 구체적 조작기로 전환하는 시기이다. 8세쯤에는 구체적 조작기에 이르는데 가역성(모양이 달라져도 양이나 무게가 같은 성질), 상보성, 정체성, 분류 개념 등을 이해할 수 있다. 논리적 사고와 문제해결력이 증가한다. 그러나 아직은 추상적으로 추론하고 다양한 가능성을 고려하지는 못한다. 질문하고 탐구하고 행동해 봄으로써 학습하는 시기이다. 언어능력이 발달하고 추상적 개념의 이해가 증가하며 어휘력이 급격히 증가한다.

③ 언어적 특성

6세 이후의 아동은 어휘수가 증가하고 복잡한 문장을 이해하며 이를 사용하게 된다. 아동기에는 자기중심성에서 벗어나 자신과 타인의 입장 차이를 이해하고 타인에게 자기의 의사를 효과적으로 전달할 수 있는 의사소통의 기술이 발달한다. 언어 발달에 미치는 주요한 요인으로는 지능, 성별, 형제자매 수, 부모의 사회경제적 지위 등이 있다.

④ 정서적 특성

죄책감, 수치감, 자랑스러움 같은 보다 복잡한 정서를 경험한다. 이 무렵 한 사건에서 한 가지 이상의 정서를 경험할 수 있다는 것을 알게 된다. 다른 사람의 감정을 상하지 않게 하기 위해 자신의 감정을 숨길 수 있고 다른 사람의 감정에 민감하며 공감, 자신의 감정을 표현하는 능력이 증가한다. 감정이 변할 수 있다는 것을 알게 되고, 반드시 자신이 다른 사람을 불편하게 만드는 것은 아님을 알게 된다. 흔히 학교에서의 수행에 대한 불안과 또래들에게 수용되는지에 대한 불안을 경험한다.

⑤ 사회적 특성

또래 관계가 중요한 이슈로 등장하면서 아동의 유능감에 영향을 미친다. 또래 집단 안에서 또래의 압력, 거절, 승인, 순응을 배우고, 사회적 발달을 촉진하는 가치관, 행동, 신념을 형성한다. 세계에 대해 더 넓은 관점을 갖게 되고, 생각과 역할 시험을 해 보며, 중요한 상호작용 기술을 학습한다. 협동과 협상을 배우고, 규칙을 만들거나 어기고, 지도자나 추종자 역할을 경험하면서 타인의 관점을 이해할 수 있다. 7세경 자기중심성 벗어나 친사회적 행동을 채택하게 된다. 타인의 관점을 이해할 수 있게 되면서 눈치, 즉 사회적 맥락을 해석할 수 있다. 자극평가 능력이 증가하면서 갈등의 해결과 사회적 문제해결 능력이 증진된다.

## 2) 아동미술의 발달단계

아동의 성장 변화에 따른 표현의 발달단계와 표현 유형과 인지 등과 같은 유기적 관계를 알아보는 것은 중요한 과제이다. 물론 이러한 발달은 아동의 인지, 사회성, 언어, 신체 등의 발달 전반과 밀접한 관계를 맺고 있으므로 이에 대한 이해를 기본으로 해야 한다. 아동들은 언어나 다른 전달수단에 의한 의사소통이 자유롭지 못하므로 낙서나 그림을 통하여 자신의 내면적 감정이나 갈등의 심리 상태를 나타낸다.

아동의 미술표현 발달과정에 대한 이해를 통해 그들의 표현이 어떠한 과정을 통하여 변화하는지를 판단하게 되는데 발달단계는 개인에 따라 차이가 있으므로 이 시기에는 이러한 특징이 있다고 일률적으로 규정하기는 어렵다. 그러나 아동 미술표현의 발달과정에 대한 이해를 한다면 아동의 단계에 맞는 지도를 하고, 그림을 이해하는 데 도움이 된다. 아동발달에 있어 개인차를 고려해야 하고 표준적 발달 과정의 절대적 기준을 설정하기가 쉽지 않아 학자마다 발달단계의 구분과 단계별 연령범위가 다소 상이한 점을 전제로 하여 일반적인 아동의 미술(그림)발달 단계와 아동 그림의 표현특성을 살펴보면 다음과 같다.

- Lowenfeld의 아동미술의 발달단계

a. 난화기(scribbling stage: 자아표현의 시작 2~4세)

난화기는 착화(scribble)의 단계로 상하좌우로 자유로이 그리며 점과 원, 선이 나타난다. 어른이 보기에는 불규칙한 선이지만 아동은 '엄마', '아빠'라고 의미를 붙이기도 한다. 아동이 처음으로 시도하고 처음 표현하는 상징이다. 일반적인 발달의 자연스러운 부분이며 그 자체에 아동의 일반적 성장의 생리학적인 면과 심리학적인 면이 반영된다.

〈표 3-1〉 난화의 3단계

| 단계 | 난화의 내용 |
|---|---|
| 무질서한 난화기 | 1세부터 대략 2세 6개월까지 지속된다. 팔을 움직이다가 우연히 생긴 선으로 운동감각적인 무질서한 난화로, 동작의 통제가 불가능하고 무의식적으로 표현된다. |
| 조절된 난화기 | 동작이 반복되어 시각과 근육활동 간의 협응이 시작되고 선이 일정한 형태의 반복으로 나타난다. 즉 의미 없는 선들은 수평, 수직, 파형, 혼합형, 회전원형으로 발전한다. |
| 명명된 난화기 | 3~4세 정도의 유아는 점차 의식적인 접근이 되어 자신의 난화에 이름을 붙인다. 또한 그려진 흔적과 주변세계를 연결하고, 색에 따라서도 다양한 의미를 가지게 된다. |

### b. 전도식기(preschematic stage: 재현의 첫 시도 4~7세)

본 것보다는 아는 것을 표현하는 단계이다. 일반적으로 사실적 표현의 첫 상징은 '사람'이다. 인물, 나무, 해 등을 그리며 모든 것을 자기중심적으로 표현한다. 무의미한 표현에서 의식적인 표현으로 옮아가는 상징적 도식의 기초단계로서 표현된 것과 대상과의 관계를 발견하기 시작한다.

### c. 도식기(schematic stage: 형태개념의 습득 7~9세)

사물의 개념을 습득하는 시기이다. 객관적 표현이 드러나기 시작하며 인물을 중심으로 동물, 집, 차량, 나무, 꽃 등을 그린다. 자신과 대상과의 관계를 공식화하고 그것을 도식화하여 표현한다. 사물에 대한 도식은 최종적으로 도달한 개념이며 대상에 대한 어린이의 역동적인 지식을 표현한 것이다. 도식은 대상뿐 아니라 공간과 형태에도 적용된다. 객관적 표현이 드러나기 시작, 즉 자기의 생각을 나타내려는 도식적이고 상징적이며 개념적인 표현이 많다. 기저선(base line)이 나타나 바닥이나 땅을 나타낸다. 전개도식 표현과 투시기법의 사용이 나타난다.

### d. 또래집단기(gang age: 사실표현의 시작 9~12세)

사물을 보다 객관적이고 실제적으로 표현하는 리얼리즘의 시초 단계이다. 자신에 대한 자각의 시기로서 도식적 표현에서 벗어나 점차 객관적이고 사실적인 표현이 시작된다. 색채도 사실적 양상을 강하게 보여 주며 의복표현에도 관심을 보인다. 사실적 표현에 미숙한 아동이 미술표현에 흥미를 잃어버리는 현상이 나타나기 시작하는 시기이며, 흥미를 잃어버린 아동은 그림에 자신감을 잃고 점차로 미술을 멀리하는 경향을 보이기도 한다. 중첩과 기저선 사이에 공간을 인식하게 되며 위에서 본 모습을 표현한다.

e. 의사실기(pseudo-naturalistic stage: 합리적 표현 12~14세)

신체발달에 민감하고 3차원적 표현을 구사하는 시기이다. 가장 흥미로운 시기지만 미술교육에서는 가장 노력을 요하는 시기다. 시각화 현상을 통해 원근법을 습득하고 배경과 비례의 표현을 하며, 사실적으로 표현하려고 애쓰며 시각형(주로 주위환경이 주제가 되며, 실제와 일치하는 색을 사용. 공간을 원근법적으로 나타내고, 색채, 빛과 그림자의 변화에도 관심을 가짐)과 비시각형(자기와 외계와의 정서적 관계를 강조, 좋아하는 색채 사용, 만들기와 기능적인 면에 관심을 가짐)인 경향이 나타난다.

f. 결정기 또는 사춘기(period of decision: 창의적 활동의 시기 14~17세)

창의력이 왕성하여 개성이 뚜렷한 시기이다. 관찰력이 향상되고 비판적인 안목이 생긴다. 하지만 대부분 그림에 대한 흥미를 잃어버리게 된다. 신체와 언어발달이 왕성해지고 이에 따른 표현이 따라가지 못하는 데 갈등을 느껴 미술표현이 침체되는 시기이다. 환경을 창의적으로 받아들이며 표현유형이 촉각형, 시각형, 중간형으로 뚜렷하게 구분된다. 시각형은 대상을 피상적, 객관적, 묘사적, 이지적으로 표현하며 외관과 비례, 명암, 배경, 원근 등을 중시하고 촉각형은 내면정서와 주관적 경험을 감정적으로 표현, 색채나 공간표현이 주관적 표현이다. 중간형은 두 가지 표현양식의 복합이다.

### 3) 아동그림에 나타나는 표현의 특징

아동 미술발달 단계에 있어서 정상 미술표현 발달은 인지적, 정서적 표현의 중요한 의미를 지닌다. 하지만 아동미술표현 특징 중의 하나는 각 단계마다 그 단계의 중요한 측면을 요약하고 강조하여 주어진 단계에서 정상적인 표현으로 간주되는 그림 형태는 연령에 있어서 다소 중복되는 점이 있어서 아동이 각 단계를 거치면서 단계 간을 왔다 갔다 할 수 있다는 것이다. 예를 들어 3단계의 아동이 어떤 날은 사람 형태를 그리고 그 다음 날은 2단계의 덜 복잡한 형태를 그릴 수도 있다는 것이다. 이러한 변동은 모든 아동들에게 나타날 수 있는 공통적인 특징이다. 아동미술의 표현 중 그림 그리기에 대한 일반적인 특징을 살펴보면 다음과 같다.

① 난화적 표현

대개 첫돌이 지나면서 4~5세까지 난화를 그린다. 아무 목적 없이 난잡한 선으로 그리는 것을 말한다. 어떠한 대상을 그리는 것이 아니라 그리고 싶은 욕구 자체가 목적이 되어 행위에 대한 쾌감을 위하여 그리게 된다.

② 의인화적 표현

생활경험만을 소재로 하는 것이 아니라 그들의 공상이나 환상도 풍부하게 표현된다. 그러한 공상이나 상상은 모든 만물이 사람과 같은 생명을 갖고 있는 것으로 착각하고 있다. 생물이건 무생물이건 사물에 자기와 같은 얼굴을 붙여 의인화적으로 표현한다. 좋게 말하면 애정 깊은 표현으로 볼 수 있지만, 지적 발달이 늦은 어린이들이나 정서적인 과잉어린이에게 나타나, 발달적으로는 유아기 때 표현에 정체되어 있음을 나타낸다.

③ 열거식 표현

사물과 사물과의 관계판단이 부족하기 때문에 화면 전체의 통일성은 없고 열거식으로 표현하는 것이 대부분이다. 자기가 관심을 갖고 있는 것, 경험 등 생각나는 대로 하나하나 그리는 것으로 만족한다. 구체적이지만 통일감은 없고 화지를 빙글빙글 돌려가며 그림을 그리기도 한다.

④ 투사적 표현

X-ray 화법이라고도 하며 투사적으로 표현하는 것을 말한다. 건물을 그릴 때 건물 안까지 그리거나, 사람의 내부 장기, 뼈 등을 표현하는데, 이를 미술학자들은 '아는 것을 그리는 것이다'라고 해석을 하며 다른 한편으로는 투사적 그림은 정서적으로 결핍된 현상으로 병적 신호(日: 다카하시)라고도 본다. 일반적으로 알고 있거나 경험한 것을 파악하고 있다고 보아야 할 것이다.

⑤ 동시성의 표현

그리고자 하는 대상은 자기 경험에 의한 것이므로 비례 · 시간 · 공간 · 방향 · 위치 등이 하나의 평면상에 동시에 표현되는데, 이런 현상을 동시성 또는 시점이동의 표현이라고 한다. 여러 가지 보았던 현상을 동시에 그리는 것이 아니고 물체 하나하나를 그릴 때 어린이 자신의 시각을 이동해서 본 현상을 그대로 나타낸다. 그 이유는 전체를 한꺼번에 보고 그리기가 어렵기 때문이며 대부분 한쪽을 그리고 난 다음에 다른 쪽은 화지를 돌려가며 그린다. 이러한 표현을 여러 시각의 동시적인 표현이라고 한다. 예를 들면 정면과 측면, 평면을 동시에 표현하며 도식기부터는 소멸되어 간다. 이 표현은 3차원 표현의 미분화에 따른 평면과 입체의 구분이 없는 것에서 나타나며 원근관계를 지각하면 통일된다.

### ⑥ 연속성의 표현

어린이들은 동화나 만화처럼 이야기의 연속성과 시간의 흐름을 동시에 표현한다. 즉 과거, 현재, 미래를 한 장의 도화지에 표현한다. 시간상으로 계속되는 장면을 동시에 표현하는 것으로 시간적 계속 묘사법이라고도 한다.

### ⑦ 자기중심적 표현

어린이가 그린 그림이 알고 있는 것을 그렸거나, 보고 있는 것을 그렸거나 아니면 느끼면서 지각되는 것을 그렸든지 간에, 그림을 그렸다는 것은 무엇을 생각하고 느끼고 있다는 사실이다. 그림이 사실과 닮았다 안 닮았다 하는 것은 문제가 되지 않는다. 무언가 알아보지도 못하는 것을 열심히 그리고 있는 것을 볼 수 있다. 이러한 그림에서 어린이는 과장하거나 생략하여 자기의 욕구를 표현한다. 보통 자기를 중심으로 여러 가지 사물 등을 늘어놓듯이 표현한다.

⑧ 미분화적 표현

사물을 관련짓는 능력이 미숙할 때는 집보다 더 큰 꽃을 그리며, 집보다 더 큰 사람, 친구보다 더 큰 꽃, 말을 탄 사람을 그릴 때는 말 위에 붕 떠 있는 사람 등을 표현한다. 이러한 현상은 어떤 물건이든 지 개별적 인식이 잘 안 되거나 물건과 물건 간의 구성력이 발달되지 않았기 때문이다. 어린 아동이나 발달이 늦은 아동 또는 정신지체 아 동에게도 볼 수 있다. 공간 구조적인 제작활동을 경험하도록 배려해 야 한다.

⑨ 반복적 표현

유아들의 경우 이러한 경우가 많고 그림이나 문장이나 이러한 현 상이 많이 나타난다. 좌우대칭의 그림은 정서적 안정의 욕구, 한편으 로는 정서적인 억압상태에서 사고가 굳어져 있거나 상상력이 부족한 어린이들이 같은 대상을 반복적으로 표현하려는 경향이 있다.

⑩ 기저선의 표현

유아기가 지나면 사물과 사물의 유기적 관계를 인식하게 된다. 땅 위에 집, 나무, 사람, 꽃 등이 있고 하늘에는 태양, 구름, 새, 비행기 등 을 그리게 된다. 공간개념이 생기는 최초의 시기이다. 자기와 타인과의 관계를 인식하고 사회성이 성장하는 시기이기도 하다. 대상을 사실적 으로 그리려고 노력하며 물체의 그림자, 원근감도 표현하는 시기이다.

⑪ 대칭적 표현

그림에 대한 중압감 등으로 표현에 자신이 없는 경우에 화면을 등분하여 한 칸씩 그려 나가는 것인데 화면을 장식장으로 표현하고 싶은 심정에서 구성적 방법으로 표현하는 경우와 심리적 불안감, 공허감을 탈피하여 심리적 안정을 찾고 싶은 심정에서 상하좌우의 균형을 잡아 표현하는 예도 있다. 주제가 화면 밑에 대칭형으로 나타나면 자신의 행동에 자신감이 없고 소극적으로 볼 수 있으며, 위쪽으로 치우치면 적응력이 부족할 수 있다. 물론 반드시 그런 것은 아니지만 불안정한 정서에서 해방되도록 도와주는 것이 좋다.

⑫ 환상적 표현

유아기의 어린이들은 환상적인 사고를 많이 한다. 현실로는 이루어지기 어려운 일들을 생각하는 것이다. 내면의 눈이 외면보다 중요하다고 생각하며 실제로 그렇게 표현을 한다. 무의미한 표현이 아니라 무한한 상상의 세계를 현실로 받아들이기를 바라는 욕구의 표현인 것이다. 비록 꿈 같은 것일 수도 있지만, 분명 상상력에서 생겨난 자기표현이다. 이러한 표현을 함으로써 미적 감각은 물론 상상력을 풍부하게 해 준다.

## 4) 아동 미술치료

아동들의 그림을 이해하기 위해서는 다양한 맥락을 고려하여 발달적, 정서적, 대인 상호 간의 관계를 포함하는 다양한 각도에서 그림을 보아야 한다. 아동들이 그림을 어떻게 그렸고 무엇을 그렸으며 왜 그렸는지에 영향을 미치는 요소들을 평가하는 것이 더 도움이 되며 도덕적이라 할 수 있다. 치료사가 그림의 맥락을 고려하지 않고 아동의 미술표현을 해석하게 되면 아동 표현이 위험한 것으로 오인되거나, 잘못 해석할 수 있게 된다. 통합된 관점으로 아동들의 그림을 바라볼 때, 치료사 자신이 잘못 이해할 위험성을 줄이게 되고 일반적 관점으로 아동들을 바라보는 데 더 도움이 될 수 있을 것이다.

또한 아동이 그림을 그린다는 창조적인 과정을 경험하는 데 가치를 두고 아동이 그림을 그리는 것에 완전히 몰입할 수 있도록 허용하고 격려해 주는 것이 중요하다. 치료사는 아동이 하는 창조적인 작업의 목격자로서, 도구를 가져다주거나 작업을 도와주고 창조적인 과정을 지지해 주는 역할로서, 그림을 그리는 도중이나 대화 중에 일어날 수 있는 강한 감정의 피난처가 되어 줌으로써 아동의 그림 그리기에 참여하는 것이 중요하다. 이때 아동은 창조적인 능력과 자기표현을 통해서 스스로를 수용하는 경험을 한다.

따라서 아동을 위한 미술치료는 아동의 자아성장을 돕고 동시에 경미한 문제행동이지만 방치하여 장애로 발생하는 것을 예방할 수 있다. 장애아동에게는 병의 악화와 이차적으로 발생할 수 있는 장애를 막기 위한 치료적 차원에서 미술치료가 필요하고, 보통의 아동을 포함하여 경미한 정신적·심리적 문제로 인해 정상적인 궤도에서 일탈한 아동, 그리고 장애를 가진 아동 모두가 아동미술치료의 대상이 될 수 있다.

〈그림 3-1〉 아동집단미술치료 장면

## 2. 성인의 발달특성과 미술치료

### 1) 성인기의 발달특성

성인기란 청소년기를 거쳐 20대 초반에서 노년기가 시작되는 65세까지의 시기이다. 이 시기는 심리적, 신체적으로 부모에게서 독립하고 자신만의 개성을 성취하며 직업을 획득하는 시기로 사회적 관계에서 가장 활발한 활동을 펼치는 단계이며 20~30대 청년기, 40~50대 장년기로 나눌 수 있다.

에릭슨은 성인기를 청년기 이후 성인 초기와 성인 후기로 나누는

데 친밀감 대 고립감과 생산성 대 침체성을 그 주요 발달과업으로 제시하였다. 전자의 시기는 타인과의 관계에서 친밀감을 이룩하는 일이 중요한 발달 과업이며, 이는 성적 사랑을 통해 확고해진다고 보았으며 이러한 친밀감이 형성되지 못할 때 고립되어 대인관계나 이성 관계를 피해 가고 배척하게 된다고 하였다. 후자의 시기는 아동 양육이나 다른 창의적인 생산적 작업에 기여하는 시기로 생산성이 발휘되지 못했을 때 침체성이 형성되며 이러한 사람은 자신의 행복에만 몰두한다고 하였다.

① 신체적 특성

사람의 신체발달은 25~30세가 제일 강건한 시기로 30세가 지나면 신체적 기능이 감퇴되고 시력, 촉각, 미각, 후각 등은 20세를 최고로 절정에 달했다가 점점 나빠지기 시작하는데 초기 성인기 사람들의 90% 이상이 자신의 건강이 좋다고 인식하나 이 시기에도 만성적 질병이나 건강상 문제를 가질 수 있고 주로 사고로 인한 척추손상 등, 관절염, 고혈압과 관련된 신체적 문제가 많다. 초기성인기 사망원인으로는 사고, 자살, 암 등이 있다.

청년기는 신체발달이 완성되는 시기이며 신체적으로 가장 건강한 시기이지만 20대 중반까지 흡연, 음주, 약물 흡입 경향이 급격히 증가하기도 한다. 생활방식이 중년기나 노년기의 건강상태를 결정짓는데 30세의 신체적 건강이 70세의 생활만족도를 결정하는 가장 중요한 요인이 되기도 한다. 이 시기는 이성과의 성관계가 확립되는 시기이기도 하다. 장년기는 특히 40대에 감각기능의 쇠퇴와 청각 감퇴가 가장 빨리 나타나는 시기이며 노안으로 인한 시각 감퇴도 대체로 40~

49세 사이에 나타난다. 척추 뼈 사이의 디스크 감퇴로 인해 뼈마디가 가까워지면서 키가 줄어드는데 30~50세 사이에 약 0.3cm, 60세에 약 2cm가량 줄어든다. 또한 피부의 탄력이 줄어들고 주름이 생기며 흰 머리가 생기고 체중이 늘며 배가 나오게 된다. 여성의 경우 폐경과 같은 성적 변화(40대 후반~50대 초반)가 나타나며, 폐경을 전후하여 여러 가지 갱년기 증상이 나타나는데 얼굴의 홍조, 식은 땀, 만성적 피로감, 메스꺼움, 심장박동의 증가하는 신체적 증상과 우울, 초조, 불안정 등의 심리적 증상이 나타난다.

남성도 남성호르몬 분비의 감소로 성욕감퇴와 더불어 심리적인 의욕감퇴, 불안, 초조 등의 갱년기를 경험한다. 그러나 실제로 호르몬의 감소는 50대 이후 1년에 1%에 불과하여 남성갱년기장애는 생리적이라기보다 쇠퇴를 지각하는 심리적 반응에 기인하는 것으로 본다.

② 심리적 특성

a. 인지발달

피아제는 청소년기에 형식적 조작사고가 발달한 이후에는 인지발달이 거의 이루어지지 않는 것으로 보았으나, 최근 이에 대한 비판이 제기되면서 기계적 암기나 지적 과제의 수행속도 등은 10대 후반이 가장 뛰어나지만, 판단, 추론, 창의력 사고 등은 청년기는 물론 전 생애를 통해 발달하는 것으로 보는 견해가 우세하다.

성인기 사고는 실용적인 필요성과 압박감이 강하다는 점에서 자유롭고 이상주의적인 청년기 사고와 구별된다. 실용적 사고의 필요성 증가는 청년기 논리적 사고의 감퇴를 뜻하는 것이 아니라, 성인전기 인지적 능력은 논리적 사고 기술과 현실에 대한 실용적 적응기술을 동시에 요구하는 맥락에서 이해된다. 성인기에 들면서 타인의 관점과 견해의 다양성을 수용할 수 있게 되면 이분법적 사고는 다면적 사고로 대치되는데 다면적 사고는 자신의 의견이 논박되거나 부적합한 경험을 통해 상대적 사고로 바뀐다. 상대적 사고란 대부분의 지식과 의견은 절대적으로 부여된 것이 아니라 시대 상황적 맥락에 따라 바뀔 수 있다는 진리의 상대성을 이해하는 능력이다.

Horn과 Donaldson은 성년기의 지적 능력을 결정성 기능과 유동성 지능으로 구분하였다. 결정성 지능은 학교 교육이나 일상생활에서의 경험을 통해 얻게 되는 지능이며, 어휘력, 일반상식, 사회적 상황에 대한 반응 등이 속한다. 유동성 지능은 타고난 지능으로 생물학적으로 결정되며 경험이나 학습과 무관한 것으로, 공간지각, 추상적 추론, 지각속도 등을 포함한다. 유동성 지능은 청소년기까지 증가하고 이후 쇠퇴하나 결정성 지능은 계속 증가한다. 장년기에는 단기적 기억력감퇴, 반응속도 및 유동성 지능 저하, 결정성 지능의 감퇴가 시작된다.

지능은 20대 중반에 절정을 이루다가 30대 이후부터 서서히 감소되는데 장년기는 지능의 일률적인 감퇴는 없고, 유동성 지능은 감퇴하지만 결정성 지능의 감퇴 여부는 교육수준, 직업, 문화적 배경에 따라 차이가 있다. 이 시기는 기억력이 감퇴되며 50세 이후에 저장된 기억정보를 활성화시키는 데 필요한 시간은 20~50세 사이에 필요한 시간보다 60% 가까이 증가한다. 정보처리 속도 이외에 기억능력의 감퇴가 나타난다면 기억과제의 연습량의 감소가 주된 원인일 수 있다. 특정분야에 대한 잘 구조화된 지식체계와 보다 융통성 있고 창의적인 방략 사용 능력으로 인하여 자신이 종사하고 있는 분야의 지식과 기술에 있어서 보다 큰 전문성을 길러 가는 시기이고 지혜의 발달이 이루어지는 시기이기도 하다.

### b. 정서 발달

정서 발달은 친밀감의 발달로 친밀감은 자신의 정체성을 잃을지도 모른다는 두려움 없이 타인과 개방적이고 지지적이며 조화로운 관계를 형성하는 능력이다. 친밀감을 형성하기 위해서는 감정이입 능력, 자기통제 능력, 그리고 타인의 장단점 수용 능력을 갖추어야 한다. 청소년기와 청년기에 자아정체감을 확립하지 못한 성인은 고립감을 형성할 가능성이 크며, 입대, 취업준비, 부부간의 흥미와 취미의 상이성 등과 같은 상황적 요인도 고립감 형성에 기여한다. 만약 청년기에 고립감이 형성되게 되면, 타인과 친밀한 관계를 형성하는 것이 오히려 자신의 정체감 혼란을 초래할 것이라고 보고, 타인과의 관계 형성 자체를 제한하게 된다. 장년기에는 갱년기증상을 경험하고 인생을 재평가하게 되며 실패했다고 생각하면 우울감과 불안감에 빠질 수 있다.

### c. 자율성 발달

우선 청년기는 부모로부터 독립하여 자립적 생활을 하기 위해서는, 신변처리와 같은 일상생활능력, 신체적 성숙, 인간관계 능력, 자율적 판단을 내리고 이에 따라 행동할 수 있는 능력의 발달이 선행되어야 한다. 또한 부모로부터 분리, 독립하여 자율성을 찾는 과정에서 대부분의 청년들은 양가감점(ambivalence), 즉 부모로부터의 독립에 대한 갈망과 함께 부모로부터 분리되는 것에 대한 불안감을 동시에 가지고 부모가 청년의 분리와 독립에 대해 어떠한 태도를 보이는가는 매우 중요하다.

### d. 애정발달

청소년기의 이성에 대한 관심은 청년기가 되면서 인생의 동반자를 구하는 사람으로 변해 간다. 그리고 청년기 초기에는 낭만적 사랑을 꿈꾸는 경우가 많으나 그 이후로는 점차 약해지는 것이 일반적이고, 다른 사람과 진정한 사랑을 나누기 위해서는 자신이 누구이며 어떤 존재인가에 대한 확고한 신념이 발달되어 있어야 한다.

### ③ 사회적 특성

#### a. 결혼과 부부 관계

이성 교재가 결혼관계로 변할 수 있는지 없는지 하는 것은 두 사람의 정체감 확립상태와 결혼적령기와 관련된 사회적 시계의 작동에 의해서 결정된다. 결혼상대자의 선택은 상호작용이 가능한 사람, 상대방의 매력, 개인적 특성, 성격, 사회적 배경, 태도와 가치관이라는 기준에 입각하여 이루어지게 된다. 특히 맞벌이 부부의 경우에는 역할분담의 불확실성으로 인하여 타협의 영역이 훨씬 넓기 때문에 더욱 많은 영역에서 상호적응이 필요하다. 결혼 초기에 상호적응의 과업을 성공적으로 이행하지 못할 경우에는 부부관계에서 갈등이 많아지고, 이혼하게 될 가능성이 높다. 신혼기인 성년기에는 결혼만족도가 가장 높지만 자녀출산과 양육을 하게 되는 중년기에는 전반적으로 낮아지며, 자녀가 출가 또는 독립한 이후에는 다시 결혼만족도가 높아지는 변화를 보인다.

#### b. 자녀양육

자녀는 부부간의 사랑을 연결해 주고, 친구가 되기도 하며, 부부간의 외로움을 감소시켜 주기도 하지만 첫 자녀의 임신, 출산준비 등이 결혼생활에 긴장을 야기하고, 결혼만족도나 행복감을 감소시키기도 한다. 자녀출산 이후에도 부부간의 적응상태를 적절히 유지하기 위해서는 부모로서의 역할전환에 대한 준비가 되어 있어야 하며, 육아에 대한 지식을 가지고 있어야 한다. 이와 아울러 부부간의 역할과 책임에 대한 재조정을 포함한 전체 가족생활의 재조정이 이루어져야 한다.

### c. 직업생활

직장생활을 하는 성인들은 직업생활 초기에는 직업역할 수행에 필요한 여러 가지 훈련들은 받아야 한다. 직업역할을 성공적으로 수행하기 위해서는 자신이 수행해야 할 특정 직무와 관련된 전문지식과 기술을 학습해야 하며, 그 직무에 따르는 지위와 의사결정과정 등의 권위관계에 대해서도 학습해야 한다. 그리고 직업적 요구사항과 위험 요인을 정확히 인식하여 대처능력을 기르고, 직장동료와의 우애로운 상호 관계를 형성할 수 있어야 한다.

## 2) 성인미술치료

성인 대부분 자신의 정체성을 새롭게 전환하는 시기로 자신의 직장이나 가정에서 에서의 역할과 정체성이 문제가 되기도 한다. 사회인으로서 인정받으려는 욕구와 자신을 드러내려는 욕망이 경험에 의한 자기 신념으로 자신만의 방식으로 행동으로 나타내어지고 심지어 생애 초기 애착기의 미해결 이슈가 미성숙한 채로 투사되어 나타나기도 한다.

성인의 경우는 심리·환경적 관계성에 의한 긴장, 스트레스로 인해 심각한 경우 우울증과 같은 기분장애나 이로 인한 자살에 이르는 경우가 있어 과다한 업무, 경쟁적인 사회 분위기, 과로, 스트레스 등으로부터 부정적인 내적 에너지를 해소하고 자신의 내면을 통찰할 수 있는 미술치료의 적용은 모든 성인에게 반드시 필수적이라 해도 과언이 아니다. 일반적으로 성인의 정신장애 중 가장 많은 발생 빈도는 우울증과 같은 기분장애나 섭식장애에서 나타나기도 한다.

따라서 성인을 위한 미술치료의 방향은 성인기의 과업인 자기 정체성의 재확립과 개인적으로 당면한 심리·사회적 문제에 대한 통찰과 심리·환경적 스트레스에 대한 방어기제의 확립이라고 할 수 있다.

〈그림 3-2〉 성인집단미술치료 장면

PART 04

# 다문화 가족 미술치료의 접근

**PART 04**에서는 다문화 가족을 위한 미술치료의 의미와
실제 진행시의 미술치료의 방향이 되는 목표와 방법들을
제시하였고, 제5장에서 제시될 사례를 이해하는 데 도움이 되고자
할애하였다. 다문화 가족 미술치료에 적절하게 접근하기 위해서는
현재 임상현장에서 진행되고 있는 미술치료의 양상과 다문화 가족
미술치료의 특성을 이해하는 것이 그 선제 조건이 될 것으로 다문화
가족의 심리적·정서적·사회적 상황의 이해와 함께 이에 대한
미술치료의 목표와 그 구체적 매체와 프로그램에 대한 충분한 이해와
경험이 요구된다.

Part 04

# 다문화 가족 미술치료의 접근

## 1. 다문화 가족 미술치료의 의미와 목표

### 1) 다문화 가족 미술치료의 의미

다문화 가족은 첫 장에서 살펴본 바와 같이 취약한 언어습득 상태와 언어소통의 부족, 이로 인한 자기표현과 소통의 불충분으로 심리·정서적 부적응 상태와 자녀 양육의 문제를 보이고 있다.

이는 다문화 가족 2세의 심리·정서적 문제와 아울러 취약 후 성장과정 중의 사회적 문제를 야기할 만한 매우 심각한 현안으로 우선 다문화 가족을 위한 언어 학습 프로그램의 심화와 병행하여 필연적으로 그들의 내적 자기감정의 발산 계기와 심리·정서적 케어, 타인과의 긍정적 소통의 계기를 마련하는 주기적이고 심층적인 심리·정서적, 사회적 지원으로 미술치료가 그 역할을 충분히 할 것이다.

우선 미술매체 자체가 다문화 가족 대상자들에게 거부감이나 부담감을 주지 않고 쉽고 흥미롭게 접근할 수 있어 언어 상담 프로그램과는 다른 장점을 가지고 있다. 또한 미술치료 프로그램 내에서 이루어지는 미술창작 활동과 상호 피드백의 계기는 평소 자신의 내적 표현과 이에 대한 지지가 부족한 상태에서 매우 적절하고 효과적인 자신의 내적 감정의 표현과 통찰, 이와 함께 타자와의 소통계기를 마련하여 대상자의 불안정한 심리와 정서 상태를 치유하고 자신을 돌아보는 계기를 마련할 것으로 미술치료는 다문화 가족의 필수적인 사회적 지원 전략으로도 이해할 수 있다.

## 2) 다문화 가족 미술치료의 목표

다문화 가족 미술치료 현장에서 시행되고 있는 다문화 가족 미술치료의 목표는 다음과 같이 본 저자의 미술치료 실행에서의 임상경험에 비추어 아래 표와 같이 제시해 보았다.

〈표 4-1〉 다문화 가족 미술치료의 목표(상단)와 접근방법(하단)

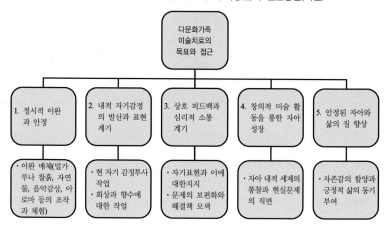

### ① 정서적 이완과 안정
다문화 미술치료 대상자의 가족 구성원으로서 문화와 언어 차이,

경제적 문제와 같은 각종 심리 환경적 문제로 생긴 내적 심리상태에 대한 치유와 케어로 가장 우선되어야 할 부분이다.

이는 실제 미술치료의 적용에서는 매우 이완적인 밀가루나 찰흙을 이용한 작업이나 자연물, 아로마 향기 요법 등을 병행한 매체의 사용을 그 예로 들 수 있다(제2장 2.미술매체의 이해 참조). 이러한 매체와 재료는 내담자의 촉각을 비롯한 오감을 자극하여 내적 긴장으로부터 이완을 촉진시키고 이로 인하여 자신의 내적 심리상태의 관망을 용이하게 하여 주로 미술치료의 진행 시 초기에 많이 적용하기도 한다.

② 내적 자기감정과 발산의 표현 계기

다문화 가족 미술치료 대상자는 대부분 한국어에 능통하지 않으므로 미술치료 시 치료사와 집단원 간 피드백이 용이하지 않아 프로그램 선정에 다소 신중을 기하여야 하나 기본적으로 내적으로 억압되어 있는 부정적 감정들이나 현재 표현하고자 하는 감정이나 이슈들을 용이하고 자발적으로 표현해 보는 계기를 마련해 주어야 한다.

예를 들면 무의식적 난화나 드로잉을 통한 자기감정의 표현과 이에 대한 치료사의 감정읽기, 집단원의 여러 방향에서의 소감이나 느낌의 교환들이 내담자가 처한 감정상의 문제를 해소하고 승화하는 데 도움을 준다. 음악을 감상하는 이완된 분위기에서 핑거페인팅을 하고 눈을 감고 손이 가는 대로 찰흙작업을 하는 것도 이에 해당하는 매우 유용한 작업이다.

내담자가 주로 가지고 있는 우울, 불안 등의 감정은 결혼과 가정사에서 오는 심리·환경적 요인과 함께 필연적으로 다문화 가족구성원으로 자신의 과거와 고향의 향수에 대한 억제에서도 비롯되어 이에 대한 매우 섬세하고 감성적인 작업도 요구된다. 번지는 물감을 이용한 고향에 대한 감정 표현, 콜라주를 이용한 자신의 과거와 고향에 대한 이미지 작업과 피드백도 매우 효과적으로 적용할 수 있다.

③ 상호피드백과 심리적 소통의 계기

다문화 가족 미술치료는 대부분 필요시를 제외하고 집단미술치료 형태로 이루어져 그간 가정과 사회에서 불충분하거나 단절되었던 내담자들에게 소통의 장을 마련해 주는 것이 매우 큰 장점으로 작용한다.

이는 미술치료 진행 시 미술작품 활동과 함께 작품 후 서로 소감을 나누고 지지받는 상호 피드백의 방법을 들 수 있는데, 이러한 과정은 작품을 통한 내적 감정의 보호와 문제의 보편적 이해와 공유, 다양한 관점의 소감과 의견을 나눔으로써 질적인 내적 소통, 즉 심리적 커뮤니케이션을 통한 문제해결 계기와 스킬(skill)을 체험하게 하여 향후 가정 내의 소통 방식에도 매우 유용하게 작용한다.

④ 창의적 미술활동을 통한 자아성장

미술치료 진행시에 내담자는 매 회기 주어진 주제에 맞추어 미술매체를 통한 미술 활동을 하게 되는데 이는 미술창작 작업으로 그간 자신만의 공간이 부재했던 다문화 가족 구성원들에게 자신만의 내적 탐구와 통찰의 계기를 만들고 이로 인한 긍정적인 내적 에너지를 생성하게 한다.

이러한 창의적 미술활동은 직면한 자신의 문제와 내면을 정리하고 통찰하게 하여 자아를 성장시키는 매우 중요한 역할을 하게 하여 주기적인 미술활동과 작품을 통한 통찰은 내담자의 창의적 에너지와 자아성장의 계기를 마련한다.

⑤ 안정된 자아와 삶의 질 향상

위와 같이 다문화 가족미술치료는 미술치료 대상자에게 자기 내면의 발산과 정서 함양, 자기표현과 문제 해결계기를 만들어 줌으로써 궁극적으로 자아를 성장시키고 안정화하여 일상에 대한 긍정적인 동기를 부여하고 전반적으로 삶의 질을 향상시킨다.


## 2. 다문화 가족 미술치료의 매체와 프로그램

여기에서는 다문화 가족 미술치료 목표를 중심으로 정서 이완과 안정, 자기표현, 자존감을 위한 신체자각 매체에 맞추어 그 프로그램의 예를 들었고, 매체의 속성 및 미술 치료적 의미, 작품, 그 프로그램의 진행과정을 제시해 보았다.

### 1) 정서 이완 매체

① 찰흙 작업
• 소조·모델링(Modeling) 매체로서 찰흙의 특성
손으로 쥐고, 뭉치고, 누르고, 비틀고, 뜯고, 긁고, 붙이고, 접고, 말고, 굴리고, 비비고, 두드리며 갖가지 형상을 능동적 기분으로 만들고, 마음에 들지 않으면 즉석에서 다시 뭉쳐서 제작 → 성취감을 함양하고 패배감을 해소할 수 있는 재료

- 평면(회화, 드로잉 등)이 시각 위주라면 조소는 촉각적 요소가
  부가된 재료
- 공간 예술: 3차원적 작업, 퍼포먼스(performance)적 요소 → 정신
  적인 운동이자 신체적(근육운동) 운동이 균형 잡힌 조형 활동
- 다양한 연령층(유아, 아동, 청소년, 성인, 노인)에 적용
- 심리적 저항감 없이 물리적으로 마음대로 변형이 가능
- 에너지 발산, 정서 이완 작업

• 찰흙 소조를 통한 치료적 의미
  정서적인 안정감, 에너지 분출: 감정표현의 용이성, 신체적인 발달(손
을 비롯한 소 근육 운동), 표현의 용이성(상상력 및 창의력 유발, 언어발
달 촉진), 저항감이 적어 자존감과 성취감을 높일 수 있는 미술 작업

〈그림 4-1〉 찰흙을 이용한 작업

② 찰흙 자연물 만다라
  찰흙과 곡물, 자연물을 이용하여 감각통합을 체험하고 스트레스를

발산하여 정서적 안정을 도모하고 창의적 에너지와 동기를 함양을 공고히 할 수 있다.

프로그램 진행 과정의 예를 제시하면 다음과 같다.

㉠ 약 한 시간을 기준으로 초반부 약 10분 정도 후 도입에서 프로그램에 대한 안내와 함께 분위기를 환기하고 찰흙을 충분히 손으로 만지며 이완하고 warm-up한다.

㉡ 중반부 약 20분 정도는 찰흙과 곡물, 자연물을 직접 손으로 만지며 support 위에서 즉흥적으로 자연스럽게 형상을 만드는 과정에서 내적 에너지를 발산한다.

㉢ 이어서 약 20분 정도는 만들어진 형상에 대하여 feed-back해 보고 간단한 제목을 만들어 표현하는 과정에서 자신의 내적 심상을 통찰하고, 치료사와 내담자, 내담자 간 소통으로 대상관계의 응집력과 집단 응집력을 심층 체험한다.

㉣ 이후 약 10분 정도 주어진 용지나 색종이에 간단한 제목을 적거나 text를 적도록 유도한 후 feed-back해 본다.

〈그림 4-2〉 미술 활동(左). 작품과 반응 작업(右)

## 2) 자기표현 매체

### ① 밀가루 풀 핑거페인팅

치료사와 집단원 간 라포를 공고히 하고 촉각을 중심으로 한 감각 통합을 체험하고 스트레스를 발산하여 정서적 안정을 도모하고 창의적 에너지와 동기를 함양할 수 있다.

말 그대로 손가락에 물감을 찍어 그리는 미술 기법으로 아동·청소년뿐만 아니라 성인, 노인에게도 유용한 미술 치료 프로그램이다. 미리 준비해 둔 여러 개의 대야나 용기에 핑거페인팅용 물감을 조금 넣고 물을 부어서 물감을 녹인다. 또는 수채화 물감을 대야나 용기에 짜 넣은 뒤에 물을 붓고 묽은 밀가루 풀을 함께 섞어 준다. 이때 한 가지 물감을 만들 수도 있고 여러 가지 색깔은 혼합한 물감을 만들 수도 있다.

이렇게 만든 물감을 손바닥에 묻힌 다음 종이 위에 찍거나, 바르거나 문지르는 등 자신이 하고 싶은 대로 행동한다. 경쾌하거나 안정적 서정의 음악을 들으면서 작업하면 더욱 리듬감 있게 그림을 완성할 수 있다.

핑거페인팅은 현재 내담자의 내적 감정과 즉흥적 느낌을 표현하는 수단으로 매우 유용하나 핑거페인팅을 처음 접하는 아이들은 손가락이나 옷이 더럽혀지는 것에 부담을 느끼기도 하는데, 강박양상의 아이에게 자발적이고 자유로운 자기 신체체험과 경험을 체험하게 하고 이러한 감각·촉각적 경험을 통해 정서가 안정되고 거부나 저항을 감소시키고 심리적으로 이완되는 효과를 얻을 수 있다.

프로그램 진행 과정의 예를 제시하면 다음과 같다.

**<핑거페인팅(finger painting) - 그룹공동>**

㉠ 약 한 시간을 기준으로 초반부 약 10분 정도 후 도입에서 프로
그램에 대한 안내와 함께 분위기를 환기하고 밀가루와 녹말을
충분히 손으로 만지며 이완하고 warm-up한다.

㉡ 중반부 약 20분 정도는 밀가루 풀을 직접 손으로 만지며 support
위에서 즉흥적으로 움직이며 놀이하듯 자연스럽게 형상을 만들
었다 지웠다 하며 내적 에너지를 발산하고 나타나는 형상에 대
하여 feed-back해 본다.

㉢ 이어서 약 20분 정도는 준비된 물감으로 색깔을 섞어 다양한 컬
러의 형상들을 표현하고 수정하여 에너지를 고양하고 우연적인
형상에 의미를 부여하여 소감을 나누며 창의적 에너지를 체험
한다. 이 과정에서 준비된 다른 support 위에 손바닥 등 자신의
신체 일부의 흔적을 남기도록 유도하고 이를 통하여 집단응집
력을 함양한다.

㉣ 이후 약 10분 정도 색종이를 찢어 핑거페인팅 위에 창의적으로
덧붙여 보고 주어진 용지나 색종이에 간단한 제목을 적거나 text
를 적도록 유도한 후 feed-back해 본다.

① 도입 | 밀가루와 밀가루 풀 놀이 - 이완 및 촉감각통합

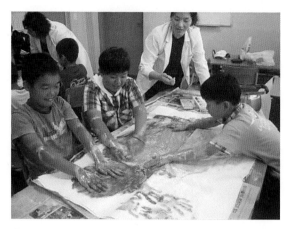

② 채색 | play & art−손을 통한 적극적 표현과 컬러링(coloring)을
통한 창의적 에너지 발산 · 카타르시스

③ 신체 자각과 창의적 발상의 표현−손바닥 찍기와 색종이 콜라주로 덧붙여 표현하기

② 만다라 작업

분석심리학자 융(Jung, 1875∼1961)이 20세기 초기 서구문화에서
최초로 만다라가 지니는 우주적 영적의미를 발견하는 과정에서 '만
다라는 모든 인간에게 각인된 원형으로 통일체의 상징이며, 정신적
성장을 위한 과정에서 꿈이나 그림의 형태로 즉흥적, 무의식적으로
나타난다'라고 보는 데서 유래한 미술치료 매체와 기법으로 내담자

에게 침착하고 고요함을 주고 자신과의 일체감을 경험시키며, 더불어 자아 존중감을 키워 주는 심리 치료적 장점을 지니고 있다.


- 만다라의 미술치료적 효과
  - 침잠하고 고요해진 상태에서 자신을 표현하게 한다.
  - 정신을 집중하고 동시에 이완을 할 수 있다.
  - 불안이 사라지고 긴장이 완화된다.
  - 여유와 감각을 통합하게 하고 경험한 것을 잘 통합한다.
  - 일체감을 형성하고 원만한 인성을 형성하도록 돕는다.
  - 자아존중감 형성에 도움을 준다.


- 만다라 작업의 재료

만다라 작업을 하기 위해 자신이 하고자 하는 적절한 매체를 선택함에 있어 처음에는 편안하고 익숙한 매체를 선택해 보는 것과 생소한 매체이지만 선택하여 작업을 해 보는 것 등이 모두 만다라의 시작에서는 중요한 부분이다. 여러 가지 주관적 이유가 있을 수도 있으므로 이것 또한 만다라 그리기를 하기 전 자신이 잘 관찰하여 보는 것이 좋다.

매체로는 유성파스텔, 파스텔, 사인펜 혹은 그림물감, 진흙, 돌 페인트 연필, 꽃, 모래, 가죽나무 혹은 헝겊 재료에 대한 가능성 등 무한하다. 만다라에서는 개인의 작업도 가능하고 두 사람이 하는 만다라 작업도 가능하며 집단 공동제작도 가능하다.

만다라 그리기에 있어 화지의 크기는 12cm×18cm인치 크기가 적당하며(개인에 따라 크기는 달라질 수도 있다) 흰색이나 검정 도화지를 사용해 본다.

색도화지를 사용하는 것이 무난하며 검은색 도화지는 변화를 주기 위해 사용할 수 있으며 검정색 도화지에 파스텔을 사용하게 되면 파스텔 색상이 살아나는 경험을 하게 되며 완성 후에는 고착 액을 뿌려 파스텔 가루를 처리한다. 종이는 개인에 따라 다를 수도 있지만 낱장의 종이가 편리하며 보관할 때 재료 철에 넣어 보관한다. 지나치게 작은 종이는 답답함이 느껴질 수도 있으므로 개인의 선택에 맡긴다. 만다라에서는 개인에 따라 모두 다를 수 있음을 감안해야 하며 만다라 그리기를 하는 자신 스스로가 보아서 편안한 느낌의 크기를 선택한다.

- 바탕: 종이(켄트지, 와트만지, 한지 색상지, 두께에 따른 변화도 가능) 이외에도 나무나 타일 등 질감 있는 매체, 천을 이용한 매체 사용도 가능하다.
- 채색: 크레파스, 오일파스, 크레용 색연필, 사인펜, 마커, 유성매직 연필 파스텔, 물감(수채물감, 아크릴 물감, 유화물감 기타 등)을 사용한다.
- 기타: 찰흙이나 지점토 매직믹스 등과 같은 매체와 오브제로 이용되는 모든 매체 가능(실, 구슬, 곡류 등과 자연매체도 가능)하다. 그 외 우리의 주변에서 얻을 수 있는 모든 매체는 가능하다.

• 작업준비
- 편한 책상과 고른 밑판이 준비되어야 한다.
- 한 책상에는 적어도 20가지 이상의 색이 있는 색연필이나 다른

색칠 도구를 두 세트 이상 비치해야 한다.

- 집단 활동 시 한 책상에 네 명 정도가 함께 앉아, 재료들을 중앙에 두고 말없이 각자 자신의 만다라에 집중해야 한다.

- 만다라를 그리는 개인의 선호와 기분에 따라 만다라의 형태나 기술이 달라지므로 무엇보다 여러 가지를 실험하는 시도가 필요하다.

- 만다라 제작 과정의 예

❶ 명상적인 분위기를 마련한다

심신을 이완할 수 있는 장소와 분위기를 마련해야 한다. 고요한 분위기는 만다라를 그리기 위한 중요한 전제 조건으로 그리는 공간은 정리되어 있어야 하고 또한 명상을 위해 명상음악, 초나 향 등이 비치되면 더욱 좋다.

만다라의 제작 장소는 혼자 할 수 있는 조용한 곳이 좋으며 외부의 간섭을 받지 않는 곳이 적당하고 평평한 바닥이어야 하며 고요하고 즐거움을 가져다줄 수 있는 음악을 선택하여 창조적 분위기 조성하는 것도 좋다. 촛불을 켜거나 향을 피우는 것도 좋은 방법이며 허브 향 등을 사용하여 만다라를 제작하는 자신이 편안할 수 있는 장소를 만들어 보는 것도 좋은 방법이다. 자신의 일상적인 생활환경을 멀리한다는 측면에서 당신의 능력을 보다 상승시킬 수 있다.

만다라를 그리는 동안 내담자의 감정적 변화와 상징적 형태의 변화 등을 체크한다. 만다라 제작자의 순간순간이 반영되고 무의식 표현의 여지를 부여하기 위하여 개개인의 본능으로 하여금 색깔과 형태에 대한 모든 선택을 허용한다

❷ 모든 외적 준비가 끝나면 고요하고 명상적 태도로 정서를 이완한다

그림을 시작하기 전 몇 분간 이완과 휴식을 하고 편안한 호흡을 하고 기지개를 켜고 몸을 두드리는 등의 작업을 통해 여기저기 맺혀 있는 긴장을 푼다. 편안한 이완 후에는 그림에 대하여 생기는 부담감을 조금 덜어내고 일상으로부터 자유롭게 그리며 만다라 제작 후에는 자신의 일로(제자리로) 돌아갈 것임을 아는 것으로부터 모든 책임감으로부터 벗어날 수 있도록 스스로를 허용한다.

❸ 만다라를 그린다

만다라 그리기에는 문양이 있는 만다라를 선택해서 색칠하는 것과 스스로 만다라를 창작하는 것 두 가지의 방법이 있다. 만다라 그리기의 초보자의 경우나 나이가 어릴 경우는 만다라를 선택해서 색칠하는 방법부터 먼저 실시하는 것이 좋고 또한 간단한 무늬부터 제시한다.

만다라 문양을 고를 시 자신의 기분에 따라 문양을 선택할 때 효과적이다. 밑의 두 가지 기분에 따라 문양을 선택할 수도 있으나, 가장 중요한 것은 만다라를 그릴 때 그 순간의 기분을 나타낼 수 있는 것을 선택하는 것이 좋다. 예를 들어, 피곤하고 긴장된 날에는 윤곽이 분명하고 무늬가 작은 문양을 택하고, 기분이 저조하고 슬플 때는 장미무늬나 원의 형태가 많은 문양을 선택한다.

어느 정도 만다라의 문양과 친숙해지면, 자신이 스스로 만다라를 제작하여 그리기 시작한다. 만다라 작업을 위하여 이완을 할 때에는 잠시 눈을 감은 후 내면세계에 초점을 맞추고 작업을 시작한다.

동그라미를 그릴 때에는 종이접시를 가지고 본을 떠도 좋고 둥근 형태의 모든 것을 이용하여 그려도 좋고 컴퍼스를 이용하여도 좋다.

〈그림 4-3〉 만다라 채색하는 장면과 작품의 예

생각하지 않은 상태에서 마음속에 그리고자 하는 패턴이 있을 수도 있고 없을 수도 있으며 제작 시에 옳고 그른 것은 없고 완성될 때까지 작업을 계속한다.

만다라를 완성한 후에는 만다라의 방위를 정하여 본다. 그림을 돌려가면서 여러 각도로 보고 자신의 내면에 귀 기울여 방위를 선택하여 윗부분을 표시하고 연도와 날짜를 기록한다. 특정한 형태와 색상이 나타나는 순서를 파악하고 같은 형태가 여러 개 그려졌을 때에는 순서대로 번호를 매기는 것도 좋은 방법이다.

❹ 만다라의 제작 후 감상

만다라 그림을 그린 후 그림에 대해 옳다거나 틀렸다는 평가를 할수 없으며 평가를 해서는 안 된다. 내담자는 자신이 그린 만다라에 만족스러워하는 경우가 많은데 이처럼 내담자가 자신의 만다라에 긍정적 반응을 보일 경우 타인에게 선물을 하기, 액자에 걸어 전시를 하는 등의 활동을 통해 만다라 그리기 활동에 흥미를 붙일 수 있다.

자신의 만다라를 두고 앉아 팔 뻗은 정도의 거리만큼에서 벽에 부착하거나 이젤 등을 이용하여 바라볼 수 있게 하고 일상과 분리된 신성한 공간이라 할 수 있는 곳에 만다라를 두는 의식도 필요하며 느낌을 나누고 찾아본다(개인 만다라와 집단 만다라 모두 느낌 작업을 해 본다). 편안함과 불편함 등 자신에게서 일어나는 다양한 여러 감정을 솔직하게 기록하거나 나누어 보고 만다라에서 자신이 그린 상징들이 어떻게 보이는지 알아본다.

〈그림 4-4〉 만다라 작품을 집단으로 감상하기 위해 자유롭게 거는 장면

## 3) 신체자각 매체

여러 가지 신체 본뜨기 작업을 들 수 있는데 일반적으로 큰 화지에 몸의 외곽선을 따라 그리고 그 몸을 꾸며 보는 방법이 있고 석고 등을 이용하여 신체 일부를 본뜨는 방법 등이 있다.

그 미술치료적 의미는 자아감각 발달과 관련 있어 미술치료 중에 매우 중요한 프로그램으로 자신의 신체상을 통찰하여 자존감을 향상시키는 효과가 있고, 심신장애인의 신체영상이나 자아개념이 부정적일 때 Starter sheet나 묘화완성법, 손도장과 발 도장 찍기, 조소활동, 동그라미 기법, 씨앗으로 얼굴 만들기, 가면 만들기, 자기신체 본뜨기, 거울 보고 자기 얼굴 그리기, 손 본뜨기 등을 할 수 있다. 특히 섭식장애 환자나 신체 장애인에게는 효과적이다.

① 전신 본뜨기(전지로 전신 본뜨기)
• 준비물: 전지 2장 정도, 연필과 지우개, 채색 도구.
• 방법: 내담자 중 한 명을 모델로 선정해 전지 2장을 세로로 붙인 후 바닥에 뉘이고 신체상을 본뜨게 하고 모델 외의 치료자들은 신체상을 꾸며 보게 한다. 다른 방법으로는 내담자의 신체를 본 뜬 후 자신의 미래상에 대해 말할 시간을 갖고 미래상을 신체상에 투영해 자신이 원하는 모습으로 꾸며 보도록 하여 자아 존중감을 높여 준다. 이는 자신의 신체를 꾸며보고 자신에 대한 뿌듯함을 느끼게 해 주며 신체의 소중함을 알게 한다. 특히 신체 본뜨기의 경우 협동력을 길러 주는 요소가 되어 집단 미술치료에도 유용하다.

〈그림 4-5〉 전신으로 본떠진 자신의 신체를 채색하는 장면과 완성된 작품

② 석고로 손 본뜨기

석고로 본떠진 자신의 손을 관찰하고 소통하는 과정에서, 자신의 신체상을 통찰하고 타인의 신체상에 대한 관심과 배려로 대상관계 능력을 함양한다. 아울러 자신의 손 위에 직접 미술재료로 꾸며 주고 싶은 주제를 정성스럽게 표현함으로써 자존감과 창의적 발상과 미술 표현 능력을 함양할 수 있다.

프로그램 진행 과정의 예를 제시하면 다음과 같다.

㉠ 약 한 시간을 기준으로 초반부 약 10분 정도 후 도입에서 프로그램에 대한 안내와 함께 분위기를 환기하고 각자의 손을 충분히 관찰하며 이완하고 warm-up한다.

㉡ 중반부 약 20분 정도는 손에 핸드크림으로 마사지를 하며 이완하고 석고의 속성을 이해시킨 후 치료사가 각 내담자의 손을 정성스럽게 본뜨는 과정에서 친밀감과 대상관계의 응집력을 체험한다.

㉢ 이어서 약 20분 정도는 만들어진 손 형상에 대하여 소감을 나누고 각자 준비된 채색 재료로 '자신의 소중한 손을 꾸미기'란 소주제로 작업한다.

㉣ 이후 약 10분 정도 주어진 용지나 색종이에 간단한 제목을 적거나 text를 적도록 유도한 후 feed-back해 본다.

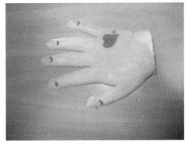

〈그림 4-6〉 석고로 본떠진 손을 채색하는 장면과 작품: 아동 개인

〈그림 4-7〉 석고로 본떠진 손을 채색하는 장면과 작품: 성인 집단

# 다문화 가족 미술치료의 사례

**PART 05**은 다문화 가족 미술치료의 구체적 사례를 제시하기
위해 할애하였고 문맥에 따라 각 용어를 미술치료 회기와 프로그램,
내담자와 집단원으로 자연스럽게 사용하였다. 먼저 다문화
이주여성의 집단미술치료 사례를 소개하고, 이어 다문화 가족의
자녀를 대상으로 진행했던 개인미술치료 사례를 소개하고자 한다.

## 다문화 가족 미술치료의 사례

# 1. 다문화 이주여성 집단미술치료 사례(박신자, 2010)

## 1) 연구대상

연구대상은 ○○시에 소재한 S미술심리클리닉 센터에 의뢰된 25~
35세 사이 다문화 이주여성 일곱 명이다. 이들은 ○○시 다문화 가족
지원센터에 주기적으로 참여하는 과정에서 우울이나 불안, 출산과 육
아에 대한 갈등, 일상에서의 어려움으로 가정이나 사회생활에서 부적
응 양상을 보여 기관 측에서 최종 개인 상담 거친 후 이 중 미술치료
를 희망하는 내담자 일곱 명을 선별하여 구성하였다.

그중 2명 미술치료 회기 중간에 개인 사정으로 참석할 수 없게 되
어 최종적으로 연구에 참여한 내담자 수는 5명이다. 대상자의 구체적
특성은 다음의 <표 5-1>과 같다.

〈표 5-1〉 대상자 특성

| 이름 | 나이/국적 | 가족관계 | 문제 특성 |
|------|-----------|----------|-----------|
| A | 25/네팔 | 시부, 남편, 임신 중 | 네팔에서 입국하여 한국거주 2년째이고 의사소통 잘 되는 편이며 시아버지 모시고 살고 남편이 지적장애가 있으나 시부와 사이가 좋은 편이나 산중 우울을 호소함. 전문대학에서 영어를 부전공함. |

| B | 27/베트남 | 시모, 남편 | 한국 거주 3년째이고 알코올 중독증세가 있는 시모 때문에 힘들어하고 유산의 경험으로 상처가 많으며 차분하나 무기력하고 우울한 상태임. |
| C | 32/중국 | 시모, 남편, 아들 | 한국 거주 4년째이고 중국에서 조모와 생활하였으며 남편과의 사이가 좋지 않으며 출산 전후 우울증과 두려움이 심한 상태임. |
| D | 35/중국 | 시모, 남편, 아들 | 한국 거주 5년째이고 친정이 모두 한국으로 와 있는 상태이나 남편의 알코올문제로 가출을 여러 차례 시도하고 남편과 대화가 거의 없는 상태임. |
| E | 25/우즈베키스탄 | 시부모, 남편, 딸 | 한국 거주 3년째이고 외향적인 편이고 적극적이나 항상 소란스럽고 산만한 양상을 보이며 아들을 갖기 원하는 시댁과 갈등을 호소함. |

## 2) 치료목표

치료목표는 가정이나 사회생활 내 부적응 이주여성을 대상으로 집단미술치료 프로그램을 실시하여, 그 프로그램이 가정이나 사회 부적응 이주여성들의 우울감이나 불안감, 가정생활 내의 갈등 등 심리·정서적 어려움의 완화 및 해소로 정서 함양이나 가정이나 사회생활에 미치는 효과를 알아보고자 하였다. 이 사례에서 연구하고자 하는 연구 문제는 다음과 같다.

첫째, 집단미술치료 프로그램이 가정·사회생활 내 부적응 이주여성의 정서적 안정화에 긍정적 영향을 미치는가.

둘째, 집단미술치료 프로그램이 이주여성의 가정·사회생활 내 부적응 문제 감소에 긍정적 영향을 미치는가.

## 3) 사정도구

### ① 면접

미술치료 프로그램을 시작하기 전에 기관 측에서 선발하여 의뢰한 내담자와 사전면접을 가졌고, 이때 내담자의 대략적 개인정보와 현재 심리·정서적·사회적 주요 문제, 그리고 미술치료를 통해서 보호자가 기대하는 것에 대해 기본적인 정보를 수집하였고, 다문화 이주여성을 위한 미술치료를 소개하였다.

미술치료를 진행하기 전에 익명성을 전제로 미술치료 작품사용에 대한 동의서를 받았고, 미술치료 진행 후, 매 회기가 끝날 때마다 기관 측과 회기진행에 대한 상담을 통해 진행되는 과정 변화에 대한 이해를 돕고 기관 측으로부터 내담자의 생활태도에 대한 변화를 확인하였다.

② 나무그림검사(Tree-test)

한 장의 종이에 나무를 그림으로써 심리·정서적·신체적 상태, 즉 자신에 대한 자아상의 인식, 심리 환경적 요인에 대한 반응 양상, 현재 발달과 내적 에너지의 역동에 대해 분석하였고, 나무그림을 분석할 때에는 참여 내담자의 문화적 변별성을 고려하여 그림에 대한 전체적인 분위기, 나무의 기본적인 요소인 뿌리, 줄기, 나무, 수관의 구성 여부와 추가로 꽃, 잎, 열매 등의 표현 양상을 파악하고 필압, 형상, 위치와 공간구성 등을 분석하였다.

## 4) 집단미술치료 프로그램

집단미술치료 프로그램의 계획 시, 프로그램 전반은 사전 면접과 기관 측의 정보를 기반으로 프로그램 매체와 주제를 치료자가 구조화하여 적용하였다.

프로그램은 초기, 중기, 후기로 나누었다. 초기는 라포 형성과 이완과 매체의 탐색, 프로그램에 대한 동기 유발 등을 목표로 하였다. 중기는 본격적인 치료적 개입과정으로 우울이나 불안감의 해소, 자기표현을 중심으로 한 내적 에너지의 발산으로 정서적 안정의 효과가 있는 매체의 속성을 위주로 하여 적용하였고, 집단원 간 친밀감을 유도, 고립감을 해소하고 집단응집력을 중심으로 긍정적인 자아 성찰을 목표로 하였다. 후기는 창의적 작품 활동을 통한 성취감을 경험하고 미래에 대한 희망을 갖도록 돕고 집단의 변화를 인식하여 대인관계에 대한 신뢰와 자신감을 회복하고 무기력한 일상생활에 동기를 주고자 하였으며 그간의 변화가 공고화되도록 격려하고 종결을 준비하는 데 목적을 두었다. 구조화한 집단미술치료의 프로그램은 다음의 <표 5-2>와 같다.

〈표 5-2〉 집단미술치료 프로그램

| 단계 | 단계목표 | 회수 | 주제 | 활동 목표 |
|------|---------|------|------|----------|
| 초기 | 집단원과 라포 형성, 이완 | 1 | 규칙설명, 자기소개, 사전검사(나무그림검사와 발테그 검사) | 집단미술치료에 대한 이해를 돕기 위하여 사전 설명과 진행에 관하여 안내한다. 내담자들의 현 기능수준과 문제를 탐색하여 전반적인 정서, 인지, 발달 수준을 분석하고 정서를 이완, 분위기를 환기한다. |
| | | | | ☞ 준비물: A4용지, 연필, 미술채색도구 |
| | | 2 | 자연물 만다라 | 찰흙을 주무르고 때리는 조작을 통하여 감정을 이완하고, 촉각감과 손의 신체 협응 능력을 향상하고 둥근 원인 만다라를 만들어서 원이 주는 안정감을 체험한다. 이어서 준비된 자연물(쌀, 까만 콩, 팥, 완두콩, 조, 색깔 돌, 화예 등 자연물)을 충분히 만지고 느껴 보는 과정을 갖은 후 자유롭게 완성해 보고 집단원과 소감을 나누도록 유도한다. |
| | | | | ☞ 준비물: 찰흙, 곡물(쌀, 까만 콩, 팥, 완두콩, 조, 색깔 돌, 화예 등), 신문지 |
| | | 3 | 핑거페인팅 (finger painting) | 밀가루 풀과 물감을 섞어 하드보드지에 즉흥적 형상을 그려 보는 체험으로, 미술활동에 대한 흥미를 유발하고 정서를 이완한다. 이 과정을 통하여 내면의 감정을 자유롭게 표출할 수 있는 능력을 기르고 창의력을 향상한다. |
| | | | | ☞ 준비물: 밀가루 풀, 두꺼운 전지, 채색도구(수채화) 도구 |

| | | | | |
|---|---|---|---|---|
| 중기 | 정서적 안정과 통찰 작업을 통한 내적 갈등의 해소 | 4 | 타로 카드로 보는 나의 마음 | 제시된 타로 카드를 보고 현 자신의 내적 process를 상징하고 있는 이미지를 자유롭게 선택하고 재현하는 과정에서 자신의 내면의 갈등이나 상태를 탐색하고 통찰한다. |
| | | | | ☞ 준비물: 타로 카드, 8절지 두 장씩, 4B연필, 채색 도구(수채화와 크레파스) 도구 |
| | | 5 | 내가 좋아하는 것, 싫어하는 것 | 자신의 좋아하는 것과 싫어하는 것을 폐잡지의 이미지에서 골라 오려 붙여 보고 제목을 붙이고 소개하며 각자 소감을 나누고 누구나 가질 수 있는 양면성에 대하여 통찰한 후 이미지화하여 콜라주해 보고 소감을 나눈다. |
| | | | | ☞ 준비물: 폐잡지, 가위, 풀, 기타 드로잉 도구, 두꺼운 종이 |
| | 집단 친밀감과 자아 인식을 통한 자아 성찰 | 6 | 신체 본뜨기 (석고붕대로 손 본뜨기) | 석고붕대나 전지를 이용하여 상대방의 신체를 본떠 주고 각자 꾸민 후 관찰하고 떠오르는 이야기를 나누며 자신의 신체상과 타인의 신체상을 긍정적으로 통찰하게 도와주어 자신의 자존감을 향상시키고, 타인과의 소통능력을 비롯한 대상관계를 촉진시킨다. |
| | | | | ☞ 준비물: 석고붕대, 수채 미술채색도구, 신문지, 손걸레 |
| | | 7 | 내 고향으로 보내는 편지 | 자신의 모국과 고향의 가족들을 생각하며 향수를 느끼고 공감하며 표현하거나 보내고 싶은 메시지를 자유로운 형식으로 만들어 본다. 이 과정에서 현재 자신의 가족과 가정에 대한 애착심을 표현하고 소감을 나누고 공감한다. |
| | | | | ☞ 준비물: 8절지, 4B연필, 채색도구(수채화와 크레파스), 색지, 각종 장식 조형 도구 등 |
| | | 8 | 나의 미래, 나의 희망 | 자신의 현실에 대한 문제를 통찰, 수용하고 긍정적인 미래상을 만들고 자신이 희망하는 미래에 대해 표현하여 상호 지지하고 동기를 부여받는 체험을 마련한다. |
| | | | | ☞ 준비물: 8절지, 4B연필, 채색도구(수채화와 크레파스), 색지, 각종 장식 조형 도구 등 |
| 후기 | 창의적 미술작업을 통한 변화의 탐색과 종결 | 9 | 아로마 양초 만들고 새해 소망그리기 | 로즈마리 아로마의 양초 색소의 향을 맡으며 후각을 자극하고 젤을 이용하여 각자 양초를 만들어 보고 불을 켠 후, 새해 소망을 각자 자유로운 형식으로 이루어지기를 바라는 마음으로 써 보고 소감을 나눈다. |
| | | | | ☞ 준비물: 아로마 젤 양초 재료, 미술 채색도구, 8절지 |
| | | 10 | 사후 검사, 그간의 작품 감상과 종결 파티 | 그간의 작품 감상과 작은 파티로 종결을 기념하고 소감을 나눈다. 변화된 자신의 모습을 확인하고 지속적인 공고화를 돕는 시간을 갖는다. |

## 5) 미술치료 프로그램 진행과정

초기면접을 통해 대체로 가정과 사회생활에 대한 부담감과 원만하지 못한 가족관계와 출산, 육아, 경제적 압박감, 언어의 원활한 소통의 부재에 대한 스트레스가 많아 이로 인하여 우울, 불안감을 호소하고 부정적 대인관계 양상을 보이는 것으로 평가되어, 집단미술치료 프로그램을 계획은 주로 내적 이완과 자기표현, 발산을 통한 정서적 안정화와 자아탐색, 지속적인 미술작품을 통한 성취감의 체험, 집단 역동과 소통을 통한 대인관계 능력에 대한 긍정적 방향의 제시를 중심으로 하였다.

총 10회기의 집단미술치료 프로그램을 회기마다 한국어 혹은 담자의 상당 부분이 기초적인 영어 소통이 가능하여 영어를 주로 사용하여 진행하였고 필요시를 대비하여 중국어 통역사와 함께 참여하였으며, 회기 분석은 전반적인 변화, 즉 집단원의 작품과 미술치료에 임하는 태도와 매체, 작품, 치료자 그리고 집단원에 대한 반응을 분석, 기록하였다. 그림분석과 전반적인 집단원의 변화는 보조 미술치료사 2명이 관찰자로 참여하여 회기별 관찰기록을 참고하고 검토하였다.

각 회기는 약 50분에서 한 시간이 소요되었고 도입, 미술 활동, 소감 나누기(feed-back) 순으로 되어 도입부에서는 그날 진행되는 주제와 기법에 대해서 자세하게 설명하고 활동에 집중할 수 있도록 북돋아 주었고, 미술 활동 시(時)에는 집단원이 자유롭게 주어진 매체와 주제를 탐색하고 집중하도록 충분한 시간을 할애하였고, 또한 이 과정에서 집단원간의 소통과 상호작용을 유도하였다. 소감 나누기에서는 상호 지지를 포함하여 서로의 생각과 의견을 경청하고 그에 대한 느낌을 나누어 보는 시간으로 구성하였다.

① 1회기: 규칙 정하기, 이름표 만들고 자기소개, 사전검사(나무그림검사, 발테그 검사, Walchentest-Zelchentest: WTZ)

전반적으로 미술치료 프로그램에 임하는 내담자들의 태도는 초기 이어서인지 다소 부담감을 가지고 경직되고 치료사나 기타 관계자를 다소 경계하는 태도를 보였으나 프로그램의 전반부를 지나서는 다소 활기차고 흥미로운 태도를 보였고 자신이 직접 그린 그림에 흥미로운 표정을 지으며 학창시절을 회상하며 즐거워하기도 하였다.

치료사가 미술치료의 프로그램의 전 회기에 대한 일정과 출석, 집단에서의 기본 준수사항을 설명하고 집단 내에서의 대화나 일련의 과정 전반에 대한 기밀 보장을 약속하였다.

집단원 전원이 대체로 무기력하고 무표정한 얼굴로 매체와 프로그램에 반응하였고 소통의 어려움이 있었으나 대체로 프로그램의 진행은 무리 없이 이어졌다. 우선 치료사가 준비한 이름표에 이름을 적어 직접 첫인상에 대한 가벼운 인사와 함께 이름표를 부착하여 주고 자연스럽게 자기소개를 유도하여 분위기를 이완하였다. 이어 첫 회기에서 내담자들의 현 기능수준과 정서적 심리적 문제 수준을 탐색하기 위해 나무그림검사와 추가로 발테그 검사(1939년 발테그 Ehring Wartegg에 의해 개발된 묘화 검사로 여덟 개의 빈칸을 순서에 관계없이 주어진 점이나 선을 이어 즉흥적으로 표현하여 심리 역동을 참

〈그림 5-1〉 A의 나무그림

조 분석하는 자료로 1에서 8까지 번호를 붙임: 1과 8은 자아와 안심, 2와 7은 감정과 감수성 및 민감성, 3과 5 달성과 긴장, 능력, 4와 6은 문제와 통합)를 실시하였다.

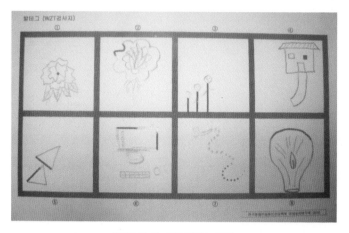

〈그림 5-2〉 A의 발테그 검사

A는 전체적으로 호의적이고 밝은 표정으로 프로그램에 임하였고 드로잉과 그림검사에 흥미로워하며 피드백(feed-back, 소감 나누기)에도 대체로 적극적으로 참여하였다.

나무그림검사(tree test)에서는 제목을 'Sal Tree, It is in Nepal'이라고 쓰고 나무의 이름과 나무가 네팔, 자신의 고향에 있다고 말하며 고향에 대한 그리움을 표현하기도 하였다. 나무의 필압, 구도, 크기, 색감 모두 양호하고 적절하게 표현하여 충분한 자기감과 자존감(self-esteem)을 반영하였으며 다만 뿌리가 강조된 나무로 현 내담자 내면의 심리 · 정서적 상태가 다소 불안하고 예민한 상태임을 투사하였다.

발테그에서는 완성하지 않은 칸이 없고, 필압이나 주제가 각 제시

된 점이나 선에 비교적 적절하였으나 3번
의 일과 사회적 목표에 대한 달성욕구에
서 다소 특이한 주제와 형태를 보였다.
이는 끝까지 연결되는 상승선이 아니라
왜소한 형태의 사람의 모습은 자신의 가
족에 대한 애착이나 애정으로 보이나 현
재 자신의 사회적 지향욕구와 일에 대한

〈그림 5-3〉 B의 나무그림

목표의 무기력이나 외부환경요인으로 인해 제한받고 있는 상태임을
반영하였다.

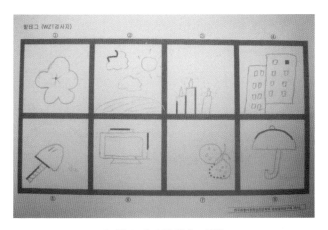

〈그림 5-4〉 B의 발테그 검사

B의 경우 다소 무표정하게 프로그램에 일관하였으나 치료사의 지시
에 따라 프로그램에 성실하게 임하였다. 나무그림검사에서는 필압, 색
감은 양호하나 중심이 되는 나무(자신으로 보이는)가 너무 아래로 치
우쳐 내담자가 현재 무기력, 우울감이나 위축감을 가지고 있을 것으로

보이고 상단 다소 위쪽의 나무는 자신의 분신, 태어나거나 임신한 아이 또는 의지하는 애완동물 등이 될 만한 대상의 표현으로 외로움과 고독감, 애정의 소통 욕구를 가지고 있는 것으로 보인다. 두 그루의 나무, 두 마리의 새의 단조롭고 대칭적 주제와 구도도 내담자의 현 내적 프로세스가 역동적이지 않고 다소 경직되어 있는 상태를 반영하였다.

발테그에서의 특이사항(완성하지 않은 칸이 없고, 필압이나 주제가 각 제시된 점이난 선에 비교적 적절)은 없으나 3번의 일과 사회적 목표에 대한 달성욕구에서 다소 상이한 주제와 형태를 보였다. 상승선이 아닌 꺼질 위험이 있는 세 개의 촛불은 현재 자신의 사회적 지향욕구와 일에 대한 목표의 무기력이나 외부환경요인으로 인해 제한받고 있는 상태로 보였다.

〈그림 5-5〉 C의 나무그림

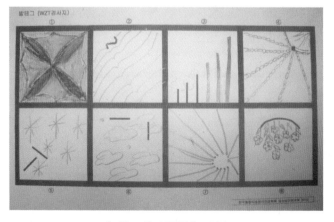

〈그림 5-6〉 C의 발테그 검사

C의 경우 그림검사에 다소 부담감을 느끼기는 하였지만 대체로 무난하게 프로그램에 임하였다. 나무그림검사에서는 필압, 크기, 색감은 양호하나 나무의 기둥에 비해 현저하게 큰 수관과 다소 위로 치우친 형태는 현 내담자의 심리·정서적 불균형감을 감안하게 한다. 뭉뚱그려지고 과도하게 큰 수관에 비해 형체를 정확히 알 수 없는 작은 열매는 자신의 이상이나 목표에 비해 현실적 수행능력이나 상황의 부족함과 결여를 나타내고, 수관 바로 아래 나뭇가지의 부재(不在)는 사회적 진출여건이나 욕구의 결핍 또는 좌절에 대하여 고려하게 하였다. 큰 나무수관 옆에 작은 수관은 자신의 분신이 될 만한 대상의 표현으로 외로움과 고독감, 애정의 소통 욕구나 애착을 가지고 있는 것으로 보였다.

발테그에서의 특이사항은 없고, 대체로 안에서 밖으로 향하는 발산형의 선이나 형태, 장식적인 주제가 많아 매우 섬세하나 적절한 내적 욕구와 발산 가능한 에너지를 가진 것으로 보인다. 다만 5번과 6번에서 주어진 주제와 관련하여 다소 연관성이 없는 장식적이고 단속적인 표현을 한바, 자신의 사회적 성취나

〈그림 5-7〉 D의 나무그림

목표욕구에 비하여 현실적인 수행능력이 부족하거나 심리·사회적 요인으로 인하여 제안받고 있고, 외부자극이나 문제에 관한 스트레스에 다소 예민하고 적절한 해결 능력에 취약할 것으로 분석되었다.

D는 회기에 늦게 참여해 발테그 검사를 실시하지 못하였고 시종일

관 다소 우울한 표정으로 프로그램에 임하였으나 피드백(feed-back)에
는 자신의 의견을 이야기하며 적극적으로 참여하였다.

나무그림검사에서는 처음에는 왼편에 왜소하게 치우친 작은 소나
무 한 그루만을 그렸다가 다른 집단원들의 그림을 보고 자신의 그림
이 좀 허전하다고 말하며 울타리와 꽃길이 있는 집을 그리고 나중에
살고 싶다고 하였다. 이는 현 내담자가 심리·정서적으로 피할 수 없
는 외부 심리·사회적 환경에 의해 스트레스를 받고 위축되어 있는
상태로 현저한 심리·정서적 불안감과 불안정감을 가지고 있는 것을
시사하고, 다만 자신의 그림의 나머지 공간을 울타리가 강조된 아늑

한 집을 채워 넣은 것은 현재 내담자
의 가정이나 가족 상황에 대한 불만
감이나 역기능적 상태의 반영과 아
울러 미래지향적 해결 욕구와 이상
적인 가정에 대한 동경을 표현한 것
으로 보인다.

〈그림 5-8〉 E의 나무그림 왕정

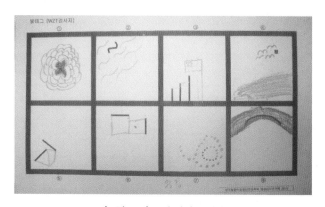

〈그림 5-9〉 E의 발테그 검사

E는 명랑하고 활기찬 태도로 프로그램에 임하였고 피드백에도 적극적으로 참여하였다. 나무그림검사에서는 나무의 필압, 크기, 위치, 색감 모두 크게 무리 없으나 나뭇가지가 없고, 나무의 배경이 약간의 초원에 갈매기가 떠다니는 바다로 표현하여 사회적 진출이나 역동적 대인관계에 대한 소통이나 스킬(skill)의 부족과 결핍을 반영하였다. 넓고 굵은 나무기둥에서 자신의 정체성은 보유하고 있으나 나무에 비해 작고 불분명한 열매는 미래지향적 목표에 작고 위축된 성향을 가지고 있는 것으로 보여 심리·정서 상태가 고독하고 외로우며 우울한 성향을 보이고 있고 초원 위의 울타리는 심신의 불안감에 대한 보상으로 여겨진다.

발테그에서의 특이사항은 없고, 외부 환경적 스트레스나 일이나 문제에 대한 해결능력과 관련한 4번과 6번에서 주어진 주제와 관련하여 다소 연관성이 없는 표현을 한바, 자신의 사회적 성취나 목표욕구에 비하여 현실적인 수행능력이 부족하거나 심리·사회적 요인으로 인하여 제한받고 있고, 일과 사회적 목표에 대한 달성욕구와 수행능력과 관련한 3번과 6번에서 다소 상이한 주제와 형태를 보여 현재 자신의 사회적 지향욕구와 일에 대한 목표의 무기력이나 외부환경요인으로 인해 제한받고 있는 상태로 보인다.

첫 회기 그림검사에서는 전반적으로 이국의 낯선 환경의 문화적 차이와 소통의 어려움, 결핍 등으로 내제된 위축감을 반영하였으며 개인적인 가정사, 남편과의 마찰, 육아의 어려움, 경제적 어려움 등 역기능적 가족 상황에 대한 우울, 불안감 등으로 인한 사회적 활동의 제한과 외부 세계와의 차단에 대한 불만과 스트레스를 가지고 있는 것으로 나타나 전반적으로 가지가 없는 나무가 많고, 발테그 검사에서도 3번 5번의 취약한 표현이 많이 나타난 것으로 분석되었다.

② 2회기: 자연물 만다라

대체로 차분한 분위기로 프로그램에 임하였으나 중국 이주 여성들이 중국어로 자기들끼리 이야기나 잡담을 하여 다소 혼선을 빚었으나 전체적으로 자신이 생각하는 주제를 무난하게 표현하였고 찰흙과 곡물이 주는 편안함과 이완에 즐거워하고 편안해하였다.

A는 임신 중으로 다소 피로한 모습이지만 전 회기와 다름없이 치료사와 집단원에게 호의적이고 흥미롭게 프로그램에 임하였다. 찰흙을 주무르며 즐거워하였고 작업에 몰두하여 산과 밭, 연못의 물고기, 산짐승과 먹이, 나무 등 매우 서정적인 산천의 풍경을 감각적으로 표현하고 자신의 고향이라고 제목을 붙이기도 하였다. 작업 후 만족스러운 표정으로 치료사의 질문에 호의적으로 답하며 마중을 온 남편에게도 수줍어하며 자랑스럽게 자신의 작품을 설명하는 모습을 보였다.

〈그림 5-10〉 A의 곡물만다라 '나의 고향'

〈그림 5-11〉 B의 곡물만다라

　B는 다소 어두운 표정이었지만 찰흙과 곡물에 흥미를 보이며 사람의 얼굴을 표현하였다. 누구의 얼굴이냐고 묻자 '아기'라고 하였다가 작게 웃은 후 '남편'이라고 말하고 작은 냄비를 만들었다. 가족의 얼굴을 만들고 음식을 담을 용기를 만들어 현 가족 상황에 조금 더 애착을 갖고 싶거나 불충분한 애착관계에 대한 보상 심리기제로 보여 B의 유산 경험과, 아기를 갖고 싶어 하는 소망이 드러나는 회기이기도 하였다.

〈그림 5-12〉 C의 곡물만다라

C는 다소 어둡고 우울한 표정으로 치료사에게 자신의 가정환경에 관한 이야기, 남편이 자신에게 애정을 갖고 있지 않고 너무 권위적이며 재미없어서 한국 남자를 싫어한다는 이야기를 불만스럽게 하였다. 찰흙과 곡물에는 별 관심을 갖지 않고 작품도 소극적이었으나 다른 집단원들이 작품을 시작하자 강냉이와 땅콩을 가지고 하트를 표현하였다. 하트(사랑)를 주고 싶은 대상을 묻자 자기 자신에게 주고 싶다고 대답하였다.

D는 다소 우울하고 기운 없는 모습으로 찰흙이나 곡물 등의 매체에 큰 관심과 반응을 보이지 않았으나 찰흙을 주무르는 느낌을 묻자 부드러워서 좋다고 하고, 곡물을 이용하여 떠오르는 것을 표현해 보라고 권하자 소극적이기는 하나 곡물을 종류별로 조금씩 갖다 놓고 붙였다. 치료사가 제목을 물었지만 '잘 모르겠다'라며 대답하지 않아 외부 심리·사회적인, 특히 가정사의 과도한 스트레스와 피로로 지쳐 우울하고 무기력한 상태임을 반영하였다.

〈그림 5-13〉 D의 곡물만다라

〈그림 5-14〉 E의 곡물만다라

E는 밝은 표정으로 찰흙과 곡물에 거부감 없이 미술활동에 임하였
다. 곡물을 비교적 다양하게 사용하여 꽃을 표현하였고 기분을 묻자
예뻐서 좋다고 말하고 자신을 닮은 것 같다고 말하고 미소를 지었다.

③ 3회기: 집단 핑거페인팅(finger painting)

지난 회기에 비해 미술매체와 프로그램에 부담감을 덜 느끼고 밀
가루 풀에 편안해하며 흥미로워하였다. 폭설로 인해 내담자들의 출석이
저조할 것을 염려하였으나 적극적으로 참여하여 미술치료 프로그램
에 대한 열의를 보였으며, B를 비롯한 일부 내담자는 개인적 심리·
정서 상태를 드러내며 역동적으로 미술활동에 참여하였다.

전체 진행 분위기는 초반 다소 혼란스럽기는 하였으나 그간 치료
사와 집단원과 형성된 친밀감과 미술매체와 미술활동을 기반으로 전
체적으로 진행이 순조로워지고 내담자들이 프로그램에 대한 동기를
보이기 시작하였다. 촉·감각 매체인 밀가루와 녹말가루 풀을 이용한
미술활동이 집단원을 이완하게 하고 내적 안정감을 체험하게 하였으

며 물감 혼합 채색작업에서는 매우 역동적으로 참여하여 내제된 에너지를 충분히 발산하는 양상을 보였다.

진행과정에서 먼저 미술활동 도입부로 밀가루, 녹말과 밀가루 풀로 촉·감각을 통한 이완하기에서는 집단원 전체가 밀가루를 가지고 눈이나 모래 놀이 등을 연상하도록 하여 분위기를 환기하며 워밍업(warming-up)하고 작업에 대한 동기를 증가시켰다. 내담자들은 따뜻한 온기가 있는 밀가루 풀 혼합작업에서는 촉각의 느낌을 통해 이완과 안정감을 체험하고 손으로 만져지는 느낌을 즐기며 수프, 거품, 크림 등을 연상하며 즐거워하였으며, 자신이 원하는 색깔로 각자 핑거페인팅하며 개인작품과 집단화를 만들어 가는 작업에서는 색깔과 밀가루풀이 만나 혼합되며 형상이 나타나자 호기심을 표현하였으며, 서서히 집중하는 양상으로 손바닥과 손가락으로 무의식적 즉흥 형태를 만들어 우연히 나타나는 형태들에 흥미를 보이며 적극적으로 표현하기 시작하였다. 이 과정에서 자신의 영역을 활용하며 타 집단원의 범위를 방해하거나 이로 인한 다툼이나 과도하게 경쟁적인 양상이 나타나지 않아 대체로 안정적인 집단 역동과 응집력을 보였다.

〈그림 5-15〉 핑거페인팅 과정 1

〈그림 5-16〉 핑거페인팅 과정 2

〈그림 5-17〉 A의 핑거페인팅 　　　　　〈그림 5-18〉 B의 핑거페인팅

A는 전 회기와 다름없이 임신 5개월이 되어가 다소 피로한 모습이지만 전체적으로 호의적이고 밝은 표정으로 프로그램에 임하였다. 집과 사람 바다 위의 배, 산천의 풍경을 표현하였는데 한국의 산이나 집 같은 풍경이 좋다고 하고 한국 사람도 좋다고 말하며 즐거워하였다. 공동 작업 시에는 중앙에 채도가 강한 큰 장미를 표현하여 강한 내적 에너지와 문화적 정체성을 보였으나 다소 처진 잎의 모양은 현 내담자의 지친 심신의 에너지의 표현으로도 보인다.

B는 가장 먼저 도착하여 매우 즐거운 표정으로 회기 내내 임하였고 밀가루 풀을 만지면서 '아주 부드럽고 좋다!'라고 말하며, 망설이고 있는 D에게 작업 시도를 권하기도 하였다. 사람을 그리려다 고향 집과 야자나무, 바나나 나무를 그리며 '고향이 그립다'라고 표현하였고 9월에 자신의 고향에 갈 예정이라며 미소 지었다. 공동 작업에서는 약 5분가량 망설이고 작업을 하지 못하다가 치료사가 편안한 마음을 표현하라고 하자 접시에 여러 색의 원을 표현하여 '아기 딸랑이'라고 말하였다.

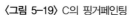〈그림 5-19〉 C의 핑거페인팅  〈그림 5-20〉 D의 핑거페인팅

C는 회기에 가장 늦게 도착하여 몹시 지치고 피곤한 모습으로 의욕도 없어 보였으나 미술활동에는 주저함 없이 참여하여 바로 파란색으로 바다를 표현하였고 붉은색으로 하늘을 과감하게 표현하고 자신의 두 가지 마음, 현재 가족에 대한 불만과 이를 해결하고 행복해지고 싶다는 솔직한 표현을 하는 변화를 보였다. 공동 작업에서는 황토색으로 척박하고 구릉진 언덕 위에 부자연스럽게 서 있는 붉은색과 파란색 두 채의 집을 그리고 자신이 살고 싶은 집이라고 말하며 미래에는 행복하고 안정적인 분위기의 자신만의 가정을 갖고 싶다고 말하며 눈시울을 적시기도 하였다.

D는 작업 초기에 다소 우울한 표정으로 밀가루 풀이 이상하다며 불편한 표정을 지어 보이고 주저하는 모습을 보였으나 잠시 망설이다가 치료사가 풀을 손에 조금 묻혀 주니 생각보다 괜찮다고 호기심을 보이며 미술활동을 시작하였다.

만개한 꽃을 표현하였으며 현재는 육아 스트레스를 받고 있으며, 나무그늘에 앉아 책을 읽으며 여유로운 생활을 하고 싶다고 자신의 희망을 표현하기도 하였다. 개인 작업 후반과 공동 작업에서 처음 망설였던 것과는 달리 아주 적극적이고 즐겁게 작업하는 태도의 변화를 보였다.

〈그림 5-21〉 E의 핑거페인팅

　E는 아주 명랑한 표정과 적극적인 태도로 회기와 미술활동에 임하였고 자신의 고향의 봄을 연상하여 튤립과 고국에 있는 자신의 우산이나 자동차를 즐겁게 표현하며 적극적으로 설명하였다.

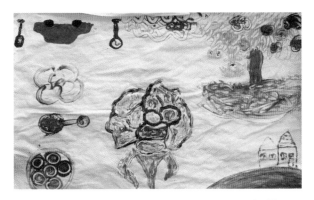

〈그림 5-22〉 핑거페인팅으로 공동 작업한 작품 '우리 마을'

공동화에서는 각자 자동차와 가로등, 나무와 꽃, 언덕 위의 집 등을 표현하고 다 같이 '우리 마을'이라는 훈훈한 제목을 붙이고 자신들이 살고 있는 마을도 예쁘다고 말하며 만족스러워하였다.

④ 4회기: 타로 카드로 보는 나의 마음

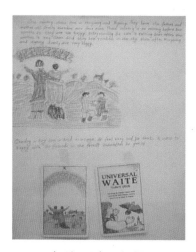

**〈그림 5-23〉 A의 작품**

강추위의 날씨와 전 회기 일부 자신의 문제들을 이야기한 내담자들의 부담감 때문인지 세 사람이 참여하여 프로그램을 진행하였다. 자신이 선택한 두 장의 타로의 이미지를 감상하고 떠오르는 이미지를 더하여 자신만의 타로 카드로 재현하는 작업으로 집단원 모두 흥미를 보이며 집중하였다.

대체로 선택한 타로 카드를 조합하여 모사하고 자신만의 이미지를 더한 표현에 이야기를 만들어 산문 형식의 시(詩)를 만들어 이에 대한 소감을 나누는 과정에서 의미 있는 내적 표현이 이루어지고 완성된 작품에도 만족스러워하였다.

A는 밝은 표정으로 프로그램에 임하였고 자신이 고른 두 장의 카드를 재현하는 과정에서 다소 망설이고 고심하였지만 자신이 재현하여 그린 타로 카드의 이미지에 '가뭄으로 비가 내리지 않았는데 단비가 내려 가족 모두가 무지개를 보며 기뻐한다'는 이야기를 영어로 쓰고 치료사와 집단원들과 소통하고 지지받으며 만족스러워하였다.

〈그림 5-24〉 B의 작품

B는 평소와 달리 밝은 표정으로 치료사에게 인사하고 호의적으로 회기에 임하였다. 자신이 고른 타로 카드에서 임금님이 전투에서 잠시 머무는 막사를 고향의 전통 집으로 표현하고 전쟁터에서 머무는 곳이라고 적었으며, 카드의 사자를 거칠게 다루는 다소 무서운 장면에서의 여신의 모습을 묘사하여 드레스 입은 소녀로 그리고 '아주머니가 사자를 예뻐하며 기른다'라고 표현하여 치료사와 집단원이 즐겁게 웃었고, 고향의 야자수를 그려 고향이 그립다고 말하였지만 현재 자신이 살고 있는 한국도 좋다며 미소 지었다.

E는 명랑하게 회기에 임하였

〈그림 5-25〉 E의 작품

고 자신이 고른 카드의 이미지에서 여신의 모습을 재현하여 표현하고 우즈베키스탄어로 자신이 만든 이야기를 썼다. 꽃과 여신의 모습을 상세하게 옮겨 그리고 어느 마을에서 꽃 장사에게 꽃을 사는 아가씨이며 자신의 아름다운 모습이 비친 연못의 물을 가져가려고 애쓰자 오히려 자신의 모습이 사라져 결국은 그냥 바라보며 기뻐했다는 이야기를 써 집단원에게 감동을 주었고 자신이 그려 놓은 그림에 매우 만족스러워하였으며 소감 나누기에서도 주저하지 않고 작품을 발표하며 즐거워하였다.

⑤ 5회기: 콜라주 – 내가 좋아하는 것과 싫어하는 것

대체로 활기찬 분위기에서 잡지에서 이미지(image)를 골라 오려 붙이는 것에 흥미를 보였고 자신의 좋아하는 것, 싫어하는 것에 관한 생각을 폐잡지의 이미지에서 골라 오려 붙여 보고, 제목과 관련한 문장을 작성해 소감을 나누는 과정에서 내적 문제를 재탐색하고 미래에 대한 통찰과 동기를 부여받는 계기를 마련하였다.

전반적으로 자신의 생각을 이미지를 선택하여 옮기는 작업에 무난하게 참여하고 소감을 나누는 과정에서도 소통에 다소 제한은 있었으나 비교적 솔직하게 자신이 싫어하는 것과 이유, 극복에 관하여 이야기하였다. 좋아하는 것에서는 미래에 관한 희망을 이야기하는 내담자가 많았고 대부분 현재 여성으로서의 정체성과 불만에 대한 극복과 희망, 가족에 관한 애정, 편안한 노년에 대한 소망 등을 표현하였다.

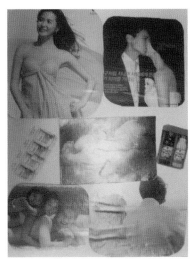

〈그림 5-26〉 A의 작품

A는 여느 때와 같이 흥미롭고 밝은 표정으로 프로그램에 임하였으며 좋아하는 것(左)으로 자신이 왕년에 예쁜 아가씨였고 결혼을 했고 이후에는 아이를 낳아 행복하고 가족과 함께 잘 살고 편안한 노후를 맞게 될 것이라는 의미를 갖은 이미지를 선택하여 오려 붙였다. 싫어하는 것(右)으로는 딱히 싫지는 않지만 비키니 차림에 스카프를 목에 두른 것은 어울리지 않아서라고 말하여 임신 중 늘어나는 체중과 변화하는 몸에 대한 다소의 스트레스를 보이자 집단원들이 아이를 출산한 후 다시 예뻐질 수 있다고 하며 격려해 주기도 하였다.

〈그림 5-27〉 B의 작품

　B는 차분하게 프로그램에 집중하였으며 좋아하는 이미지에는 예쁜 아이를 갖은 가족의 모습과 아이를 연상하게 하는 캐릭터 이미지를 오려 붙였는데 이는 습관성 유산으로 염려스럽기는 하나 곧 아이를 갖고 행복한 가정을 이루고 싶은 희망의 메시지로 보였다. 싫어하는 것으로는 매섭고 섬뜩한 눈이 강조된 거친 표정의 여자 얼굴들을 작게 모아 붙이고 '무서워서 싫다'라고 하여 불안감과 정신적 외상(trauma)에 대한 스트레스를 반영하기도 하였다.

〈그림 5-28〉 C의 작품

C는 흥미로운 태도로 프로그램에 임하였으며 싫어하는 것은 없고 좋아하는 것으로 자신이 바라고 원하는 희망들을 표현하였다. 화장품과 예쁜 여자, 꽃(左) 그리고 음식과 집, 가구, 아기, 그릇들(右)을 오려 붙이고 지금은 육아와 남편과 소통이 없어 힘들기는 하지만 아기와 남편, 시어머니와 함께 행복하게 살고 싶다고 하였다.

〈그림 5-29〉 D의 작품

  D는 차분한 모습으로 회기에 임하였고 좋아하는 것(左, 두 개)에는 예쁘고 멋있는 여자가 되고 싶고 많은 돈이 있었으면 좋겠고 남편과 함께 노년까지 행복하고 싶은 소망을 담은 이미지를 오려 붙였고, 싫어하는 것(右)에는 술병을 작게 오려 붙이고 '남편이 술을 먹는 날은 너무 힘들어 미칠 것 같다!'라고 자신의 고통을 호소하며 울먹이자 집단원이 수건을 주며 위로해 주는 훈훈한 회기였다.

〈그림 5-30〉 E의 작품

E는 밝은 표정으로 프로그램에 임하였으며 현재 결혼하여 임신하여 아이를 갖고 가족과 행복하고 아이를 하나 더 낳아 둘을 갖고 싶다는 내용의 이미지를 선택하였고(左), 싫어하는 이미지는 아이가 보면 무서워할 것 같아서라며 하얗게 분장하고 눈을 감은 여자를 오려 붙였다.

⑥ 신체 본뜨기(석고붕대로 손 본뜨기)

추운 날씨에도 활기찬 모습으로 치료실에 입실하여 새로운 미술매체에 흥미를 보이며 전체적으로 석고붕대로 손을 만드는 과정에 집중하여 각자 자신이 생각하고 표현하고자 하는 대로 다양하고 완성도 높은 작품을 만들었다.

집단원 전원이 석고붕대에 관심을 보이며 집중하였으며 핸드 마사지를 하고 석고가 떠지는 동안(치료사의 손 마사지 후 석고붕대를 일

일이 붙이고 석고가 마르기 전 약 20여 분 동안 열이 나고 딱딱한 시간을 참아야 자신의 손 모양을 입체로 얻을 수 있음) 대체로 호기심과 지구력을 가지고 잘 기다려 전원이 석고로 떠진 자신의 손 모양에 충분히 만족스러워하였다.

이후 자신의 석고 손 위에 사인(sign)이나 간단한 자신만의 상징적 드로잉으로 자신의 신체에 대하여 애착과 성취감을 느끼는 모습을 보였고 다른 집단원의 작품에 대한 소감을 나누었다.

정성스럽게 떠진 자신의 석고 손 위에 장식적인 형태의 타투(Tattoo)나 손톱 매니큐어, 반지를 그려 치장하거나 꽃이나 과일을 그려 넣은 섬세하고 서정적인 표현을 하고 일부는 하트와 무지개, 가족을 표현하여 미래에 대한 행복과 자신과 가족에 대한 애정을 표현하기도 하여 자신의 신체 일부를 충분히 자각하고 이를 자신의 애정의 대상인 가족과 연결하여 생각할 수 있는 계기가 되었으며 회기를 종결하고 자신의 작품을 가지고 가서 가족에게 보여 주고 남편과 아이의 손을 만들어 주고 싶다고 하였다.

〈그림 5-31〉 A의 작품

A는 흥미롭고 밝은 표정으로 프로그램에 임하였으며 여느 회기보다 집중하여 네팔의 전통 문양과 즉흥적으로 연상되는 문양을 들을 그려 넣었다. 손톱의 무지개와 이 문양들은 행복과 미래의 행운에 대한 상징이라고 말하고 매우 만족스러워하였고 회기의 마무리에 남편이 방문하여 자신의 아내가 한 작품에 관심을 보이

며 무엇이냐고 묻고 답하여 부
부의 훈훈한 모습을 보이기도
하였다.

B는 여느 때와 같이 밝은 표
정으로 프로그램에 집중하였고
손톱에 붉은 매니큐어와 팔찌,
꽃으로 자신의 손을 예쁘게 장

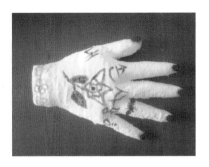

〈그림 5-32〉 B의 작품

식하고 작품을 가장 먼저 끝낸 후 기다리다 치료사에게 조금 더 표현
하고 싶다고 요청하고 '내 손 사랑해!'라고 썼다. 회기를 마무리한 후
치료사에게 재료와 구입처를 묻고 자신의 가족들에게 꼭 해 주고 싶
다며 즐거워하였다.


C는 대체로 차분한 표정으로
치료실에 입실하여 새로운 매체
와 프로그램 주제에 흥미를 보
이며 전 회기보다는 훨씬 편안
한 모습으로 집중하였다. 남편
과 가정생활에서 자신이 처한

〈그림 5-33〉 C의 작품

현 상황에 대한 불만과 스트레스에도 불구하고 다섯 손가락과 손톱
아래의 하트는 자신의 가족, 남편과 자신 그리고 아이에 대한 사랑이
라고 표현하고 손 중앙에 무지개와 꽃들은 미래에 대한 소망과 행복을
바라는 마음이라고 말하여 현재 자기 가족의 문제나 남편과의 트러블
을 극복하고자 하는 의지와 강한 가족애를 확인하는 시간이 되었다.

〈그림 5-34〉 D의 작품

D는 차분하고 밝은 표정으로 프로그램의 매체와 주제에 흥미를 보이며 집중하였다. 손톱을 예쁘게 꾸미고 반지를 그렸고 한참 후 손등에 커다란 하트를 표현하고 'I love you'라고 썼다. 소감을 나누는 시간에 하트를 보낼 주인공에 대하여 묻자 자신의 남편이라고 답하며 미소를 지었다. 자신의 남편이 같은 기관의 알코올 치료 프로그램에 참석하고 적극적으로 자신의 문제에 개선하려고 노력하고 있는 소식을 회기 중 전하며 매우 기뻐하기도 하였다.

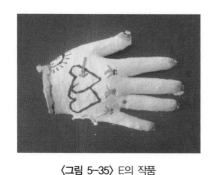

〈그림 5-35〉 E의 작품

E는 밝고 차분한 표정으로 적극적으로 참여하였다. 팔찌와 꽃을 그리고 손톱 장식을 하였고, 손등 위에 두 개의 분홍색 하트를 그리고 화살을 표현하였는데 소감을 나누는 시간에 치료사가 묻자 '남편과의 사랑'이라고 표현하며 즐거워하였다.

⑦ 7회기: 내 고향으로 보내는 메시지

내담자 전원이 흥미롭고 집중하는 양상으로 프로그램에 임하였고, 꽃과 자연물 매체에 편안해하고 이완하는 분위기를 느꼈다. 이주하여 느끼는 소통의 어려움으로 인한 스트레스, 육아나 경제적 어려움에서 오는 각자의 문제를 비관하고 우울해하는 태도에서 현실을 수용하고 극복하려는 의지와 함께 미래에 대한 희망에 대한 메시지를 나타내는 긍정적 변화를 확인하는 회기였다.

고향에 대한 기억을 하고 싶지 않은 일부 집단원은 자신이 바라는 소망이나 염원을 자유롭고 편안하게 자신의 심상(心想)을 재현하였으며, 나머지 집단원들은 자신의 고향과 가족을 그리워하며 눈시울을 적시기도 하여 잠시나마 고향과 가족에 대해 생각하고, 현재 자신의 가족의 건강과 행복에 관한 염원을 나누는 시간을 가졌다.

A는 밝고 차분한 표정으로 제시된 프로그램 주제대로 성실하고 흥미롭게 임하였다. 매체를 즐기며 능숙한 조형 감각으로 보라색으로 꽃 편지지를 만들고 영어로 네팔에 있는 친정 식구들에게 임신 중이어서 고향 음식이 그립고, 자신은 편안하고 행복하게 잘 지내니 걱정말고 모두들 건강하게 지내라는 내용의 편지를 읽으며 눈시울을 붉혔고, 현재 자신은 결혼생활에 만족하며 아이를 낳은 후 친정에 갈 것이라며 편안한 모습으로 미소를 지었다.

〈그림 5-36〉 A의 네팔의 가족에게 보내는 편지

〈그림 5-37〉 B의 베트남의 가족에게 보내는 편지

B는 차분하고 다소 밝은 표정으로 꽃과 자연물에 흥미를 보이며 치료사의 지시대로 자신의 고향에 보낼 편지지를 정성스럽게 만들고 자신이 살던 베트남의 수상 가옥과 냇물, 집, 산천이 그립고 가족 모두가 보고 싶다는 내용의 편지를 썼다. 그리고 눈시울을 붉히고 치료사의 지지와 집단원의 위로에 흐뭇해하였다.

〈그림 5-38〉 C의 나의 꿈, 행복한 나의 가족

C는 회기가 한참 지난 후 치료실에 입실하였으나 차분하고 밝은 표정으로 새로운 매체와 프로그램 주제에 흥미를 보이며 편안한 모습으로 집중하였다. 능란하고 빠른 속도로 매체를 다루며 자신의 생각대로 거침없이 작업하였으며 자신의 고향의 정경을 통해 올해 자신의 꿈들이 이루어지고 가족이 모두 행복했으면 좋겠다는 주

제로 바꾸었다고 하였다.

화지 중앙 아래에 있는 꽃 다리는 '현재 자신의 문제를 해결하고 안전하게 건널 수 있도록 도와주는 다리'라고 확고히 말하며 자신이 가지고 있는 문제(남편과의 소통, 양육, 경제적 어려움 등)를 극복하고 행복한 가정을 위해 노력하겠다는 의지를 보였다.

D는 밝은 모습으로 미술 매체와 주제에 흥미를 보였으며 매우 집중하는 양상을 보였다. 치료사에게 자신이 가지고 있는 현 상황에서의 양육과 결혼 생활, 남편과의 소통의 부재 등을 더 적극적으로 표현하며 지쳐 있는

〈그림 5-39〉 D의 5년 후 행복한 나의 집

자신에게 휴식이 필요하고, 치료사가 아이가 좀 자라면 자신의 시간이 많이 생겨 상당 부분 현재의 스트레스가 해소되고 자신만의 일상을 가질 수 있다고 하자, 수긍하며 한 5년만 고생하면 되겠다며 담담한 미소를 지었다. 자신이 만든 고향 집(개울이 흐르고 나무와 꽃이 많으며 따사로운 햇살이 비치는 예쁜 집)이 5년 뒤 현재 자신과 아이들과 가족이 행복하게 살 집이기도 하다며 자신의 작품에 매우 만족스럽고 흐뭇해하며 치료사에게 적극적으로 다음 회기에는 '미래의 나의 모습을 희망하며 써 보는 시간을 갖자'라고 제의하기도 하였다.

⑧ 8회기: 나의 미래, 나의 희망

매우 차분하고 진지한 태도로 프로그램에 임하였고 자신의 미래에 대한 주제에 다소 고심하거나 부담스러워하는 집단원도 있었으나 치료사가 제시한 주제로 자신의 장점을 살려 하고 싶은 일이나 향후 소망이나 소원 등을 예로 들자 이해하고 무난하게 작업하여 고향으로의 여행이나 자신만의 안락한 휴식처가 있는 가정 공간의 표현, 주로 자신과 남편, 현재의 가족과의 행복한 미래의 설계도가 대부분이었다.

A는 밝고 차분한 표정으로 제시된 프로그램 주제대로 성실하고 흥미롭게 임하였다. 자신의 부모님과의 행복했던 유년과 20대의 아름답고 젊은 시절, 결혼해서 아이를 갖고 한국에서 남편과 행복하게 산 후 노년은 자신의 아이와 남편과 함께 자신의 고향인 네팔에 가서 지내고 싶다는 소망을 적고 그림으로 세심하게 그린 후 매우 만족스러워하였다.

〈그림 5-40〉 A의 내 인생의 미래

〈그림 5-41〉 B의 내가 살 집의 내부 인테리어

B는 차분하고 무난하게 프로그램에 임하며 자를 가지고 자신이 살 집의 인테리어를 표현하였다. 자신이 중국에서 공업고등학교를 졸업하고 전문대학에서 디자인을 전공하여 장식이나 인테리어에 관심이 많고 자신이 살 집을 멋있게 꾸미고 싶다고 하고 자신이 쓸 수 있는 충분한 공간을 만들고 싶다고 하였다.

C는 밝은 모습으로 미술 매체와 주제에 흥미를 보였으며 집중하는 양상을 보였다. 다소 불안정해 보이기는 하나 크고 안락한 집을 표현하여 지금은 좀 작고 불편하지만 자신이 미래에 살 집은 온 가족이 편안하게 살 수 있는 좋은 집이라고 말하며 기뻐하였다.

〈그림 5-42〉 C의 미래에 내가 살 집

〈그림 5-43〉 D의 앞으로 어떻게 살
거예요(살까요)

D는 밝은 표정으로 새로운 매체와 프로그램 주제에 흥미를 보이며 집중하였다. 매우 신중하게 자신의 20대부터 노년까지를 정리하며 구상하여 (자를 대고 논리적으로) 그래프 형식으로 자신의 연령대별 희망을 표현하였다. 20대는 검은 한 송이의 꽃을 그리고 '힘들었다'라고 말하고 30대는 눈물을 흘리는 심장을 그리며 '조금 힘들다'라고 하고 40대는 행복해져 아이를 키우고 50대는 아이들을 더 성장시키며 행복해할 것이고 이후 노년은 편안하게 지내며 하늘나라로 갈 시간을 준비할 것이라며 차분하게 자신의 미래를 정리하며 설명하였다.

⑨ 9회기: 아로마 양초 만들고 새해 소망 그리기

활기찬 분위기에서 새로운 재료에 흥미를 보이며 보다 편안한 분위기에서 새해 소망에 대한 사담을 나누며 양초를 만들고 한글과 모국어(중국어, 네팔어 등)로 자신의 소망을 적는 과정에서 주로 가족에 대한 건강과 행복에 대한 바람을 적고 서로의 소망들이 이루어지길 바라는 마음으로 소감을 나누는 시간을 가지며 회기를 마무리하였다.

A는 다소 피곤해 보였지만 여느 때와 같이 밝은 표정으로 프로그램에 임하였으며 주어진 분홍색과 녹색, 보라색 모두를 사용하여 양초를 만들고 불을 켜고 고심하며 네팔어로 '새해 복 많이 받으세요'라고 쓰고 왼쪽 상단에 'LUCK'이라는 단어

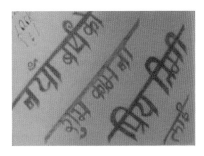

〈그림 5-43〉 A의 새해 복 많이
받으세요(네팔어)

를 이용하여 자신의 얼굴을 위트 있게 표현하고 새해에는 자신과 가족, 모든 사람이 복을 많이 받았으면 좋겠다고 말하며 미소 지었다.

C는 차분한 모습으로 회기에 임하였고 녹색 아로마 색소로 양초를 만들고 켠 후, 자신이 원하고 바라는 소망을 주부로서의 자신만의 공간인 예쁜 주방과 학업에 대한 열망, 고향에 대한 그리움에 대한 감정을 가지 소주제로 나누어 시(詩)를 정확하게 적고 날짜와 자신의 사인(sign)을 적고 학업에 대하여는 적극적으로 알아보고 싶다는 의지를 표현하기도 하였다.

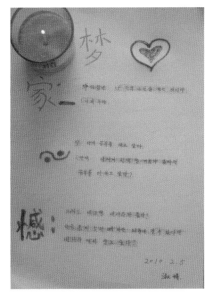

〈그림 5-45〉 C의 望(희망)

〈그림 5-46〉 D의 신년 소망(新年素望)

D는 분홍색을 아로마 색소를 이용하여 양초를 만들고 촛불을 켠 후, 새해 소망으로 남편과 자신이 화합하고 심신이 건강하며 '福(복)' 자를 쓰며 중앙 한가운데 보라색 반짝이 풀로 순풍에 돛달고 항해한 다는 뜻의 한자를 크게 쓰고 자신이 소망이 이루어지길 바란다며 미소 지었다.

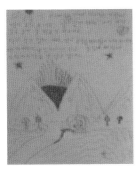

〈그림 5-48〉 E의 새해 복 많이 받으세요

〈그림 5-47〉 E의 한국과 고향
우즈베키스탄에 있는 가족들의
건강과 행복을 위하여

　E는 늦게 도착하였으나 차분하게 프로그램에 집중하였으며 주로
분홍색 아로마 색소를 이용하여 양초를 만들고 불을 켠 후, 신중하고
적극적으로 강렬한 태양이 떠오르는 전원 속의 자신의 집을 그리고
연필을 이용하여 한국어로 남편의 일이 잘되고 우즈베키스탄에 갔다
오고 싶고 고향의 가족들 모두 건강하길 바란다는 내용을 치료사에
게 맞춤법을 물어가며 열심히 쓰고(左), 자신이 회기 중 배운 중국어
와 한국어로 '새해 복 많이 받으세요'라고 쓰고(右) 새해에는 모든 일
이 즐겁고 몸과 마음이 건강하며 모든 일이 순조롭게 이루어지길 바
란다는 내용의 중국어 작문을 하고 화지의 네 귀퉁이에 '福(복)'과 자
신의 이름을 적어 자신의 작품이 소개될 때 매우 만족스러워하였다.

　⑩ 10회기(종결): 사후 그림 검사와 그간의 작품 감상하며 회기 종결하기
　마지막 회기로 그간 작품을 회고하며 감상하고 사후 나무그림검사
를 실시한 후, 롤링페이퍼를 만들어 서로에게 희망과 격려의 메시지
를 적어 주는 시간을 가졌다. 대부분 새해 소망이 이루어지기 바라고

예쁜 아이를 순산하기를 바라며 고향에도 자주 다녀오길 바란다는 내용으로 이루어졌고 프로그램을 종결한 후에도 가족들이 모두 건강하고 행복하라는 인사말과 함께 집단원과 프로그램 관계자와 연락처를 교환하며 아쉬워하였고 간단한 종결파티를 마치고 작별인사를 나눈 후 작별하였다.

　나무그림검사에서는 지속적으로 참여한 대부분의 내담자가 이제 막 자신의 내적 에너지를 체험하고 발산하려는 시기이거나 자신의 문제를 드러내는 시기로 나무의 크기가 커지거나 열매가 많아지고 나무의 문제성 이슈(issue)의 특성을 명확하게 나타낸 내담자도 보였다.

　A의 나무 검사에서는 사전, 사후 큰 변화가 없는 양상으로 사후 검사에서는 시간상 채색을 하지 못하였고 나무의 크기, 필압, 구도, 자신의 고향의 나무를 표현한 주제가 대체로 변함없이 안정적이다. 다만 나무에 꽃과 같은 잎이 달린 것은 나무의 생명력을 더한 것으로보이나 나무의 기둥에 옹이가 보이고 잎이 떨어지는 양상은 다른 프로그램에서의 감각적이고 조형적으로 풍성한 작품을 하는 양상으로 보아, 임신 중기에 접어들어 다소 피곤한 심신의 표현으로 보인다.

〈그림 5-49〉 집단원이 롤링페이퍼

〈그림 5-50〉 A의 나무그림

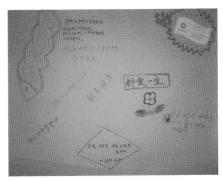

〈그림 5-51〉 A의 롤링페이퍼

롤링페이퍼에는 자신의 이름을 먼저 쓰는 작업에 세심하게 시간을 할애하여 자신의 이름을 끝까지 적고 자신에게 온 예쁜 아기의 순산 기원 메시지, 새해 복 많이 받으라는 내용과 친정에 잘 다녀오라는 내용, 미술매체를 잘 다루고 조형능력을 칭찬하는 내용의 '너무 잘한 다!'라는 메시지에 흐뭇해하였고 다른 집단원에게 고맙다고 하였다.

〈그림 5-52〉 B의 나무그림          〈그림 5-53〉 B의 롤링페이퍼

B의 나무검사에서는 사전, 사후 큰 변화가 있는 양상으로 사후 검
사에서는 나무의 크기, 필압, 구도가 안정적이다. 또한 나무가 현저하
게 커지고 열매가 많이 달린 것은 미술치료 프로그램을 통하여 자존
감(self-esteem)이 함양되고 자신의 내적 에너지와 욕구에 상응하는 미
래지향적인 희망이나 목표를 갖기 시작한 것으로 보인다.

다만 열매가 작고 나무의 기둥에 작고 짧은 선들이 반복된 것은 심
리·사회적 요인으로 인한 내담자의 다소의 위축과 예민한 양상을
시사하고, 수관이 잘린 구도의 큰 나무는 다소의 불안 이슈를 시사하
나 미술치료 회기 동안 자기 내적 에너지를 생성한 것으로 분석된다.

롤링페이퍼에는 자신의 이름을 과일과 나무로 감각적으로 표현하
고 자신에게 온 메시지, 행복하고 꼭 예쁜 아기를 낳기 바란다는 내
용과 건강하라는 내용에 감동하며 자신의 이름에 알맞은 식물과 학,
예쁜 신발 장식에 만족스러워하며 고맙다고 하였다.

| 〈그림 5-54〉 C의 나무그림 | 〈그림 5-55〉 C의 롤링페이퍼 |
| --- | --- |

C의 나무 검사에서는 필압, 구도, 나무의 크기 모두 안정적으로 나무의 열매가 많고 비약하나마 가지도 있어 사회적 대상관계의 욕구와 함께 전체적으로 자신의 내적 에너지와 자존감을 미술치료프로그램을 통하여 함양한 것으로 보인다. 오른쪽 상단의 크고 안정적인 태양은 나무를 충분히 비춰 주고 성장시킬 것으로 보여 미래지향적인 희망과 함께 자신의 의지나 의욕도 초기 미술치료 프로그램의 참여 시보다는 함양된 것으로 분석된다.

회기 후반부에 접어들면서 많은 내용들을 작품에 표현하기 시작하였고 자신의 이름과 분홍색의 많은 양의 하트를 그리고 자신에게 온 메시지, '무척 예쁘다!', '예쁘게 사세요', 'Happy everyday'와 풍선 색종이 비행기에 기뻐하며 만족해하였다.

| 〈그림 5-56〉 D의 나무그림 | 〈그림 5-57〉 D의 롤링페이퍼 |

D의 나무 검사에서는 나무의 크기, 필압, 구도가 안정적이다. 또한 나무가 현저하게 커지고 열매가 많이 달린 것은 미술치료 프로그램을 통하여 자존감(self-esteem)이 함양되고 자신의 내적 에너지와 욕구에 상응하는 미래지향적인 희망이나 목표를 갖기 시작한 것으로 보인다. 다만 열매가 작고 나무의 기둥에 작고 짧은 선들이 반복된 것은 심리 · 사회적 요인으로 인한 내담자의 다소의 위축과 예민한 양상으로 보인다.

롤링페이퍼는 자신의 이름을 한국어로 하트 모양으로 쓰고 자신에게 온 메시지, 항상 좋은 생각만 하고 '心想事成(마음속으로 간절히 원하면 이루어진다)'이라는 중국 사자성어)의 메시지에 감격하였고 기분이 좋으며 고맙다고 하였다. 소감을 나눈 후 치료사가 '心想事成'에 대하여 집단원 모두와 잠시 음미해 보자고 권유하며 '현실은 생각을 따라가니 모두가 자신만의 문제로 힘들겠지만 되도록 긍정적인 생각을 하자!'고 북돋아 주기도 하였다.

〈그림 5-58〉 E의 나무그림            〈그림 5-59〉 E의 롤링페이퍼

E의 나무검사에서는 나무의 크기가 적당히 크고 필압도 적절하며 구도도 대체로 안정적이다. 자신의 고향의 나무를 표현한 것으로 보이며 나무의 수관이 풍성하고 양옆에 있는 두 개의 작은 나무는 자신의 2세, 아이들로 보여 가족애나 모성애의 각별함을 감안하게 한다. 다만 나무의 작고 많은 가지들은 현 내담자의 심리·사회적인 환경 요인으로 일시적으로 예민하거나 불안한 상태임을 보이기도 하였다.

롤링페이퍼에는 자신의 이름을 선명하게 우즈베키스탄어와 한국 어로 쓰고 자신에게 온 메시지, '너무 예쁘게 생겼어요!', '예쁜 얼굴 처럼 행복하세요'라는 메시지에 흐뭇해하였고, 건강하고 두 번째 예 쁜 아이의 출산도 기원한다는 내용과 행운의 클로버, 꽃을 보고 기분 이 너무 좋다고 하고 고맙다고 표현하였다.

## 6) 결과

이 연구는 치료사가 구조화한 집단미술치료 프로그램의 매체 치유적 속성의 지속적 적용과 자기표현의 계기, 치료사와 집단원 간 소통의 계기를 통한 대인관계 및 응집력 있는 애착을 체험하여 전반적으로 안정된 정서를 형성하고, 지속적인 미술활동과 작품 완성을 통하여 성취감을 함양하여 집단원의 자존감을 향상시킨바, 전반적으로 집단원의 우울이나 불안감의 해소와 문제행동의 완화, 긍정적인 미래상의 형성에 긍정적 영향을 미친 것으로 결론지을 수 있다.

연구의 결과는 가정이나 사회생활에서 심리·정서적 부적응 상태를 보이던 이주여성 집단의 사전, 사후 나무그림검사에서 전체적인 나무의 크기와 표현 양상이 커지고 풍성해져 전반적으로 심리·정서적 안정과 긍정적인 자아상으로의 변화가 있었다.

또한 프로그램 종결 후 2주가 경과 한 기관 측과의 보고회의에서 참여 내담자의 심리·정서적 갈등 호소의 현저한 감소와 가정과 사회생활 내 문제 행동이 감소하였음을 확인하였다.

이에 따라 본 연구는 다음과 같은 결론을 얻게 되었다.
- 집단미술치료는 가정·사회생활 내 부적응 이주여성의 정서적 안정화에 긍정적 영향을 미친다.
- 집단미술치료는 이주여성의 가정·사회생활 내 부적응 문제 감소에 긍정적 영향을 미친다.

제5장의 두 번째에서는 다문화 가족 집단 미술치료의 사례에 이어 다문화 가족 자녀 개인 미술치료 사례를 소개하고자 하고 문맥에 따라 각 용어를 자연스럽게 대상자, 내담자, 아동으로 사용하였다.

## 2. 다문화 가족 자녀 개인미술치료 사례(박신자, 2010)

### 1) 연구대상

연구대상은 ○○시에 소재한 S미술심리클리닉 센터에 의뢰된 다문화 가족의 8세 초등학교 남아 Y로 언어의 혼돈과 학업 성적 부진, 이로 인한 위축을 호소하여 상담을 요청하였으며, 미국인 아버지와 한국인 어머니 사이의 자녀로 미국에서 태어나서 한국으로 이사한 지는 약 3년이 되어 가는 아동이었다. 대상자의 특성은 다음의 <표 5-3>과 같다.

〈표 5-3〉 대상자 특성(치료사의 초기 Intake에 근거/ 정보제공자: Y의 어머니와 Y)

**1. 인적 사항**
매우 또렷하고 잘생긴 외모에 비교적 큰 키로 건강해 보임. 눈 마주침이 짧고 무표정에 말이 없는 또래의 다른 남자아이에 비해 무기력하게 보임.

**2. 생육사, 과거력(Past person history)**
미국에서 태어나 거주하다 한국에 온 지 3년이 되었고 미국에서의 생활은 비교적 평범하고 활달한 아이였음.

**3. 가족력(Family History)**
밝혀지지 않거나 없음.

**4. 내담자 자원의 강점과 약점(Strength &Weakness)**
강점: 차분하고 순종적인 성향, 미술매체와 미술작업을 좋아함, 부모님의 적극적인 지지

**5. 현 문제(Presenting Problem)분석, 평가**

인지・행동적으로는 순종적이나 매우 위축되어 있고 말이 없으나 묻은 말에는 웃으며 대답하려 하고 짧은 눈 마주침을 보였고, 심리사회적・성적으로는 학습부진으로 인하여 학교 선생님과 또래로부터 따돌림을 당하여 위축되고 낮은 자존감을 보이고 있으며 또래관계의 결핍으로 자신보다 어린 아이와 친하게 지내는 양상을 보이고 대인 관계에 심각한 문제가 있었음.

정서적으로는 심성이 섬세하고 여성스러운 태도가 보이고 조용하고 소극적이고 위축성향을 보이는 반면 종종 산만하고 자신을 따돌림 시킨 아이들을 응징하고 싶어 하는 등 심한 분노감정을 부적절하게 가족들에게 표현하고 있고 신체는 전체적으로 건강한 편으로 수면, 섭식 모두 양호하였음. 학교 성적은 심각하게 취약하여 한글을 떼지 못할 정도이며 한글과 수학을 현재 학습 중이고 사칙연산을 비롯하여 수학과목 매우 취약한 상태임.

미술을 좋아하는 편이고 미술실기 능력은 발달연령에 적합한 발달수준을 보이나 그간 대상자의 그림을 살펴보면 자동차와 건물 등에 집착하는 성향이 다소 보임.

**6. 평가와 미술치료 방향**

• 평가: 전체적으로 매우 위축되어 무기력한 모습이고 학습 성적부진으로 인한 학교생활의 부적응과 또래로부터의 따돌림과 담임선생님의 방치와 질타로 많은 내적 상처(trauma)를 입은 것으로 보임. 이로 인하여 아동의 자존감은 매우 낮고 현재 정서 또한 불안한 상태이나 자신이 평소 좋아하는 미술작업에는 흥미를 보이고 있음.

• 미술치료 방향: 아동의 정서안정과 자아존중감 향상을 함양하기 위한 미술치료 프로그램의 구조화로 아동의 내적 trauma를 케어하고 자신의 부정적 에너지를 발산하게 도우며 지속적인 미술작품을 통한 성취감과 지지로 자존감을 함양하고 내담자의 언어화 학습을 촉진할 수 있는 미술작업과 피드백, 프로그램 진행 방식을 동시에 고려하고 병행함.

## 2) 치료목표

치료목표는 한국어의 미습득과 학업 성적 부진으로 인한 위축과 불안 등의 정서적 불안정과 가정, 학교생활에서의 부적응 문제를 호소하는 다문화 자녀를 대상으로 개인미술치료 프로그램을 실시하여, 그 프로그램이 대상자의 정서적 안정과 가정, 학교생활 내 부적응 문제의 감소에 미치는 효과를 알아보고자 하였다. 이 연구에서 규명하고자 하는 연구 문제는 다음과 같다.

첫째, 개인미술치료 프로그램이 정서적으로 불안정한 다문화 가족 자녀의 정서적 안정에 긍정적 영향을 미치는가.

둘째, 개인미술치료 프로그램이 다문화 가족 자녀의 가정과 학교 생활 내 부적응 문제 감소에 긍정적 영향을 미치는가.

## 3) 사정 도구

### ① 면접

미술치료 프로그램을 시작하기 전에 Y의 보호자인 어머니와 사전 면접을 가졌고, 이때 Y의 개인정보와 양육 과정, 현재 Y의 심리·정서적·사회적 주요 문제, 그리고 미술치료를 통해서 보호자가 기대하는 것 등에 대해서 기본적인 정보를 수집하였고, 다문화 가족 자녀의 사회적 적응 양상과 미술치료에 대해 간단한 소개를 하였다.

미술치료를 진행하기 전에 보호자에게 익명성을 전제로 미술치료 작품사용에 대한 동의서를 받았고, Y가 미술치료 진행 후, 매 회기가 끝날 때마다 어머니와 회기 진행에 대하여 간단한 상담을 하면서 Y에 대한 어머니의 이해를 돕는 한편, 어머니로부터 Y의 생활태도에 대한 변화를 확인하였다.

### ② 집-나무-사람(HTP) 검사

집-나무-사람(HTP) 검사는 Buck(1948)과 Hammer(1969)가 고안한 투사적 검사법으로 성인 환자들의 통합적 성격, 환자의 성숙도를 알기 위해 고안되었으며, 후에 8세 이상의 아동들에게 적용되었다(정여주, 2003).

집, 나무, 사람은 인간이 어릴 때부터 가장 가까이에 접하는 것으로 인간에게 가장 친숙한 세 가지 그림을 자유롭게 그림으로써 억제된 정서를 나타낼 수 있는바, 검사의 바탕은 Freud의 정신분석학적 기반에 의해 해석되지만, 피검사자의 연령이나 현재 당사자가 겪고 있는 문제와 개인적인 이력 등을 함께 고려하여 해석되어 집은 피검사자의 과거 양육환경, 현재 또는 미래에 바라는 가족이나 가정 상, 나무는 상징적인 자아상으로 자신의 심리상태를 어떻게 느끼는지 무의식적으로 나타내며 정신적 성숙도를 반영한다. 사람은 자신이나 자신과 관련이 깊은 사람의 신체상이나 심리적 투사로 보고 분석하였다.

### 4) 개인미술치료 프로그램

대상자는 정서적 불안정과 언어와 학습 등의 문제로 혼란스러워하는 다문화 가족의 자녀로 내적 자기표현과 케어, 정서적 안정과 자아상의 통찰에 중심을 두었고 동시에 언어와 학습 촉진에 기여할 수 있도록 프로그램을 구조화하여 초기, 중기, 후기로 나누었다.

초기는 라포 형성과 이완과 매체의 탐색, 프로그램에 대한 동기 유발과 문제의 재탐색을 목표로 하였다. 중기는 본격적인 치료적 개입 과정으로 내담자의 현 심리상태를 표현하고 자신의 에너지를 발산하며 미술매체를 통한 충분한 자기 지지와 성취감을 통해 정서를 안정화하고 과제 해결 능력과 수행에 대한 동기를 함양하도록 하였고, 동시에 자아를 통찰하고 대인관계 능력을 함양하도록 구조화하였다. 후기는 창의적 작품 활동을 통한 성취감과 치료사와의 친밀한 교감을 중심으로 대인관계에 대한 신뢰를 공고히 하고 종결을 준비하는 데 그 목표를 두었다.

구체적 프로그램은 <표 5-4>와 같다.

<표 5-4> 개인미술치료 프로그램

| 단계 | 단계목표 | 회수 | 주제 | 활동 목표 |
|---|---|---|---|---|
| 초기 | 치료사와 라포 형성, 이완 및 매체와 문제 재탐색 | 1 | 자유화, 자유조형과 집-나무-사람(HTP)검사 (사전검사)/ DAF, KSD | 내담자의 현 기능수준과 문제를 탐색하여 전반적인 정서, 인지, 발달 수준을 분석하고 정서를 이완, 분위기를 환기한다. ☞ 준비물: A4용지, 연필, 채색도구, 흙 |
| | | 2 | 자유 연상화 | 평면 드로잉 채색 작업을 통하여 자신의 표현능력을 향상 시키고 작품을 통하여 성취감을 높인다. ☞ 준비물: 기본 미술도구(크레파스, 물감, 드로잉 재료), 8절 도화지, 지점토 등 |
| | | 3 | 명화감상하고 재현하기 | 명화(샤갈, 피카소의 작품)를 감상하고 연상되는 주제를 중심으로 모사 또는 창의적으로 해 보고 소감을 나눈다. ☞ 준비물: 기본 미술도구, 종이, 기타 혼합재료 |
| 중기 | 자기표현을 통한 자아 성찰과 대인관계 지지 | 4 | 전분가루 조형놀이 | 촉·감각을 이완하여 안정된 정서를 함양하고 자유연상을 극대화할 수 있는 작업으로 내담자의 심적 이미지를 드러내고 표현한 후 소감을 나눈다. ☞ 준비물: 전분가루, 쟁반, 물갈, 물, 휴지 |
| | | 5 | 양초 그림 그리기 | 내담자의 창의성을 자극하고 작업의 동기를 함양하여 자기표현을 유도하고 내적 심상에 대해 피드백(feed-back)한다. ☞ 준비물: 양초, 4절 도화지, 미술채색도구 |
| | | 6 | 엄마와 함께 마블링 물감 놀이하기 | 어머니와 아동이 함께 회기에 참여함으로써 모자관계의 애착을 돈독히 하고 미술치료 회기의 활동에 관한 내용을 이해시키고 동시에 어머니의 정서 상태를 인식하고 케어(care)한다. ☞ 준비물: 마블링 물감, 기본 미술도구, 4절 종이, 혼합재료 |
| 중기 | 창의적 자기표현을 통한 자아 성찰 | 7 | 낙엽풍경화 | 계절을 음미하며 자연물인 낙엽을 이용하여 자유연상 작업을 해 보고, 떠오르는 주제를 정하고 정서적 작업을 해 본다. ☞ 준비물: 낙엽, 화지. 접착제, 물감, 드로잉 도구, 기타 혼합재료 |
| | | 8 | 밀가루 풀 조형작업 | 밀가루에 물감을 섞어 색깔놀이와 감각작업을 충분히 하여 정서를 이완하고, 창의적 조형작업을 통해 내면 정서를 표현하고 조작능력과 미술조형감각을 기른다. ☞ 준비물: 밀가루, 밀가루 풀, 물, 물감, 재활용 재료, 기타 혼합재료 |

| | | 9 | 비지시적 혼합매체 작업 | 재료와 기법을 자발적으로 선택하여 작업하도록 하여 자율성을 함양하고 현 내적 프로세스(process)의 전반적 상태를 통찰한다. |
| | | | | ☞ 준비물: 기본미술도구, 밀가루 풀, 가위, 접착제, 기타 혼합재료, 재활용품 |
| 후기 | 창의적 미술작업을 통한 변화의 탐색과 종결 | 10 | 콜라주 작업 | 비지시적으로 잡지나 기타 이미지를 이용하여 자발적으로 작업을 하도록 하고 소감을 나눈다. |
| | | | | ☞ 준비물: 폐잡지, 기본미술도구, 풀, 가위, 두꺼운 종이 |
| | | 11 | 거품판화 그림 | 전체적으로 분위기를 환기하고 자연과 천연 재료를 이용하여 판화 작업하는 과정에서 그간의 변화를 공고히 하고 이완한다. |
| | | | | ☞ 준비물: 계란 흰자, 화선지나 한지, 거품기, 색깔음료나 식용색소, 빨대, 미술채색도구 |
| | | 12 | 집-나무-사람(HTP) 검사(사후 검사)와 종결작업(크리스마스트리 만들기) | 작은 다과와 함께 계절의 변화와 송년, 미술치료 회기 종결에 대한 소감을 나누고 그간의 작품에 대하여 회상, 통찰하며 변화에 대하여 탐색한다. |
| | | | | ☞ 준비물: 전지, 드로잉 도구, 미술채색도구, 기타 혼합 매체 등 |

## 5) 미술치료 프로그램 진행과정

총 10회기의 미술치료사에 의해 구조화된 개인미술치료 프로그램을 매 회기마다 전반적인 변화, 즉 대상자의 작품과 미술치료에 임하는 태도와 매체, 작품, 치료자 그리고 집단원에 대한 반응을 분석, 기록하였다. 그림분석과 전반적인 대상자의 변화는 보조 미술치료사 1명이 관찰자로 참여하여 회기별 관찰기록을 참고하고 검토하였다.

각 회기는 약 50분에서 한 시간이 소요되었고 도입, 미술 활동, 느낌나누기 순으로 되어 도입부에서는 그날 진행되는 주제와 기법에 대해서 자세하게 설명하고 활동에 집중할 수 있도록 북돋아 주었고, 미술 활동 시(時)에는 자유롭게 주어진 매체와 프로그램 주제를 탐색하도록 충분한 시간을 할애하고 치료사가 적극적으로 피드백(feed-back)

하여 프로그램의 전체 목표에 충분히 효율적으로 접근하도록 유도하고 도왔다.

① 1회기: 자유화와 자유조형/ 집-나무-사람(HTP)검사(사전검사), 가족화(DAF), 학교생활그림(KSD)

매우 조용하게 착석한 후 치료사가 제시한 여러 색깔의 화지와 미술도구에 관심을 보이며 자유화에서는 주저하지 않고 크레파스와 사인펜, 하얀 화지를 선택하여 자동차와 빌딩을 그리며 몰두하였다.

그림을 그리는 동안 비교적 안정된 모습으로 고치거나 멈추지 않고 그렸다. 치료사가 건물이 어디냐고 묻자 학교라며 말하며 '창문이 참 많구나'라고 하자 '우리 학교에는 창문이 많아요. 사람들은 모두 건물 안에 있어요'라고 대답하며 미소를 지었다. 자신이 좋아하는 자동차는 학교 앞 도로를 달리고 있다고 하였다. 미소를 짓는 동안 짧게 치료사와 눈을 마주치고 다시 고개를 떨어뜨리고 앉아 있었다. 비가 내리는데 태양이 있는 것을 묻자 아무 말도 하지 않았다.

자유 조형작업을 위해 치료사가 찰흙과 지점토를 제시하며 '지금 만들고 싶은 다른 것이 있으면 해 볼까?'라고 하자 고개를 끄덕이며 지점토를 골라 공을 만들어 채색하였고 물감은 그림에서 썼던 녹색과 파란색을 골라 자기가 좋아하는 색깔이 파란색이라며 짧게 미소를 지었다. 빠르게 채색한 후 이제 다 됐다는 듯 치료사를 쳐다본 후 자신의 손을 가볍게 털었다. 아동이 작업을 마친 시간과 종료시각이 일치하여 회기를 마무리하고 다음 시간에 다시 만나자는 가벼운 인사를 하고 정리하였다.

전체적으로 조용하고 말이 없는 소극적인 태도와 짧은 눈 마주침을 보이며 위축되는 모습을 보였지만, 미술작업에는 흥미를 보이며 몰두하는 양상이었다. Y는 자신이 파란색을 좋아하며 자동차와 건물을 좋아한다고 소극적이나마 자신의 의사를 밝혔고 매체의 사용에 있어서도 사인펜, 크레파스, 지점토 등을 저항 없이 사용하였고 치료사의 지시에도 잘 따랐다.

그러나 이야기를 할 때마다 눈을 깜빡이고 부정확한 표현을 하였고 물건의 이름을 잘 몰라 망설이고 식은땀을 흘리는 등 매우 초조한 모습을 보이기도 하였다.

그림에서는 사람이 전혀 나타나지 않고, 태양과 비를 동시에 표현한 것은 취약한 대인 관계와 인지, 학습능력에 있어서의 발달연령에 다소 적합하지 않은 상태임을 반영하였다. 조형 작업에서도 매우 단순한 형태의 구를 소극적으로 표현하였다.

잠시 휴식을 가진 후, 치료사가 종이와 미술도구를 제시하자 기분 좋은 표정을 지으며 지시한 그림투사검사의 내용을 머뭇거림 없이 그려냈다. 종이의 색깔과 미술도구를 마음대로 선택하게 하자 "그래도 돼요?"라고 되물었고 잠시 상기된 표정을 지으며 "저번 시간에 쓴

〈그림 5-60〉 자유화

〈그림 5-61〉 자유 조형
집-나무-사람(HTP)

불어펜도 써도 돼요?"라고 물었다.

먼저 HTP에서는 하얀 종이에 크레파스와 연필로 작은 집과 가족, 나무를 드로잉한 후 "물감으로 색칠하고 싶다……"라고 작은 목소리로 이야기하여 허락하였다. 자신이 좋아하는 녹색과 파란색 등 비교적 다양한 색상을 선택하여 채색하였다. 치료사가 집이 매우 작다고 묻자 "……다음에는 크게 그릴 수 있어요"라고 대답하였다. DAF에서는 분홍색 종이에 자신을 포함한 아빠, 엄마, 누나를 나란히 그렸고 KSD에서는 첫 회기의 건물을 그렸던 양상과 동일하게 오른쪽 상단에 학교건물을 그리고 나머지는 운동장과 그네를 타는 아이들을 그렸고 그 가운데 자신은 있지만 다른 아이들의 이름을 묻자 모른다고 하였다. 연두색으로 드로잉한 후 불어펜으로 색칠하고 싶다고 하여 허락하였다. 친한 친구와 선생님에 관하여 질문하자 "몰라요……"라고 대답하였고 학교에서 공부하는 것에 대하여 묻자 "재미있어요"라고 하며 미소를 지었다. 시간이 다소 촉박하게 종료되자 작은 목소리로 "더 그리고 싶다……싫어요……"라고 더듬으며 자신의 의사를 밝혔고 회기를 마무리하며 다음에 Y가 하고 싶은 것을 그려 보자고 하였다.

〈그림 5-62〉 집-나무-사람(HTP)

〈그림 5-63〉 집-나무-사람(HTP) 채색 分

〈그림 5-64〉 가족화(DAF)　　　　　　　　〈그림 5-65〉 학교생활그림(KSD)

　HTP에서는 전체적으로 다소 불안정한 구도로 주제가 작게 표현되어 Y의 위축성향이나 불안을 감안하게 하고, 사람에서는 화지의 중앙에 가족을 특징적으로 묘사하여 가족과의 유대감을 표현하였고, 나무는 단순하게 양식화된 형상으로 오른쪽에 비교적 안정되게 자리 잡았으며, 집은 너무 작게 표현되었다. 너무 작은 집은 가정사, 가정환경의 문제적 이슈와 동시에 아동의 낮은 자존감과 위축성향의 반영으로 보고 일률적인 구름의 표현은 아동의 강박이나 무기력의 정서적 반영의 가능성을 진단하게 하였다.

　DAF에서는 역시 작은 형태로 가족을 왼쪽으로부터 아빠, 누나, 자신, 엄마의 순으로 화지의 중앙에 작지만 비교적 안정되게 표현하여 특별히 가족과의 문제 상황이나 갈등은 표현되지 않았고, KSD는 학교생활에서 또래관계나 선생님에 관한 관계양상이나 애착이 보이지 않았으며 특별하게 문제나 갈등이 되는 부분 또한 표현되지 않았다. 이는 학교생활에서 고립된 또래관계와 흥미, 애착을 둘 만한 대상이나 이슈가 없거나 극도로 위축된 정서 상태로 자신의 의사나 주장을 표현하지 못하고 있음을 반영하였다.

② 2회기: 자유 연상화

첫 회기보다 훨씬 밝은 모습으로 치료실에 들어와 먼저 "안녕하세요!"라고 인사하며 자리에 앉았다. 인사를 나눈 후 치료사가 Y에게 지금 떠오르는 것에 대하여 그려 보자고 하자 머뭇거림 없이 "네……생각나는 것 있어요" 하고 치료사가 제목을 미리 정해 보자고 하자 "과일 바구니하고 집이요"라고 대답하였다.

Y는 평소보다 조금 큰 4절 종이를 선택하여 연필로 먼저 드로잉하기 시작하였다. 세 개의 바구니에는 바나나, 포도, 수박, 귤을 그렸고 바구니 아래에 탁자를 그려 넣었다. 상단의 공간이 남자 고심하며 창문을 그렸고 창문 주위의 남은 공간은 어디냐고 물었더니 한참 생각한 후 "벽이요"라고 대답하였다. 밑그림을 마치고 채색을 하며 "물감으로 할래요"라고 말하며 먼저 연두색과 파란색을 팔레트에 짜고 분홍색 물감의 뚜껑이 안 열리자 "선생님이 좀 열어 주세요"라고 부탁하였다.

파란색 창문과 벽을 칠할 때는 큰 붓을 선택하여 머뭇거림 없이 자유롭고 힘 있게 줄무늬를 만들며 "이제 벽지 같다!"라며 기뻐했다. 과일을 각각의 특성과 형태를 살려 다양한 색채로 표현하였고 수박이 다른 과일에 비해 좀 작지 않은지 묻자 대답하지 않았다.

거의 다 완성된 뒤 왼쪽 과일 바구니 옆에 말풍선을 달아 '2+2=4, 2+3=5'라는 수식을 뜬금없이 썼다. 치료사가 무엇이냐고 묻자 "집에서 수학 공부하는 거예요"라고 말하였고 수학공부가 어떠냐고 묻자 "재미있어요"라고 대답하였다. 수식을 쓴 후 완성이라고 말하며 스스로 작품을 정리하였다. 시간은 종료되었으나 L이 조금만 더 하고 싶다고 요청하여 10분만 더 주겠다고 하자, 주사기에 물감을 넣어 종이에 뿌리는 작업과 지점토로 수박을 만들었다.

〈그림 5-66〉 자유 연상화

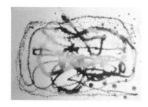 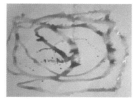 

〈그림 5-67〉 본 작업 후 물감을 뿌린 종이와 지점토 수박

전반적으로 속도는 다소 느렸지만 물감의 번짐과 색감을 즐기며 지난 회기보다 좀 더 자유롭고 힘 있는 필압과 터치로 채색하였고 그림의 제목과 완성 시기도 자신이 정하고 미술작업 도중 정중하게 치료사에게 물감을 짜달라고 도움을 청하는 자발적인 태도를 보였다. 집 안의 실내공간에 놓인 과일바구니를 공간적으로 무난하게 배치하고 구성하였으나 주제가 되는 과일들이 너무 작고 게다가 수박이 다른 작은 과일들에 비해 너무 작게 묘사된 것은 크기를 비롯한 기초적인 사물, 대상 인지에 관한 이슈를 반영하나 회기 초반부 다소 의기소침한 분위기에서의 Y가 자신의 의사대로 충분히 표현을 못하고 있을 가능성도 배제하지 않았다. 본 작업을 마친 뒤 주사기로 물감놀이를 한 점과 수박을 지점토로 만들어 작업량이 많아진 것과 큰 종이의

거침없는 선택은 주목할 만한 변화로 보였다.

이번 회기부터 작업을 마친 뒤, 피드백을 할 때를 중심으로 프로그램 중 치료사와 Y의 대화에서 모든 단어와 문장, 화법을 정확한 발음과 어법으로 이해시키고 부정확한 발음이나 잘못된 어법은 수정해 가는 작업을 병행하기 시작하였다.

### ③ 3회기: 명화 보고 재현하여 그리기

다소 상기된 표정으로 치료실에 들어와 "안녕하세요"라고 먼저 인사를 하고 자리에 앉은 다음 치료사가 작업 테이블 위에 펼쳐 놓은 명화를 응시하다가 "이거 뭐예요?"라고 물었다.

치료사가 미술작품을 감상하고 '작품을 모사하거나 떠오르는 것들을 표현해 볼 것'이라고 하자 고개를 끄덕이며 "네" 하고 짧게 대답하였다. 치료사가 먼저 마음에 드는 작품을 고르라고 하자 피카소의 작품을 골랐고 작가와 제목을 이야기해 주고 무엇이 떠오르느냐고 묻자 "여자요"라고 답하고 다시 치료사가 어른인지 어린이인지 묻자 어른이라고 답했고 주위에서 생각나는 '여자 어른'을 묻자 대답하지 못하여 다시 가족 중에서 여자 어른을 묻자 "누나!"라고 대답하였다.

치료사가 다시 생각해 보자고 하자 "아빠!"라고 대답하여 정정하여 '엄마'라고 인지시켜 주었다. 대화를 나눈 뒤 4절과 8절의 종이를 제시하자 4절의 종이를 골랐고 큰 종이인데 괜찮겠냐고 묻자 "네, 괜찮아요"라고 답했다. 무엇을 표현하고 싶으냐고 묻자, '엄마'라고 대답하여 치료사가 제목을 '우리 엄마'로 하자고 권유하였다.

잠시 종이를 본 후 접어서 8절을 만들고 자신의 평소 패턴처럼 작고 왜소하게 작품 안의 여자를 모사하여 그리기 시작하였다. 치료사가 너

〈그림 5-68〉 피카소의 그림 재현 '우리
엄마'

무 작은데 다른 면에 크게 그리면
어떻겠냐고 권유하자 "네"라고 하
고 다른 면에 그림 속의 여자를 화
지의 크기에 알맞게 크게 그리기 시
작하였다. 적극적이고 자율적으로
치료사의 관여와 도움 없이 연필 드
로잉을 해 나갔으며, 다리가 안 그
려진 그림에서 다리가 있는 완전한
여자 형상을 무난히 그렸다. 머리카
락의 모양도 작품 속 짧은 형태에서
긴 머리로 바꾸어 그렸다. 색칠은
제시된 것 중 파스텔을 선택하였으
며 전체 채색 과정에서도 머뭇거림 없이 몰두하였다. 채색을 마친 후
바탕을 가리키며 "여기에 더 하고 싶다"라고 하여 스스로 재료를 선택
해 보라고 하자 반짝이 풀을 가져와 녹색과 보라색과 갈색을 써서 바
탕을 선 모양을 더하여 꾸몄다. 그리고 "야! 맘에 든다!"라고 정확하게
말하고 엄마에게 보여 주겠다며 만족스러워하였다.

지난 회기에 비해 아동이 더 자율적이고 적극적으로 변화한 태도
를 보였다. 명화를 감상하고 주제를 이끌어 내는 데는 어려움(여자
어른을 '누나'와 '아빠'로 표현한 것은 한국어의 미습득으로 인한 취
약한 인지, 언어능력의 반영)을 보였으나, 채색을 포함한 전반적인 미
술작업에서는 흥미를 가지고 몰두하였으며, 원작의 형태와 색채 등
전체적인 분위기와 느낌을 창의적으로 모사하여 표현하였다. 특히 작
고 왜소하게 그리는 패턴에서 벗어나 전체 공간에 적절하게 크고 풍

성한 형태와 색채를 구사해 낸 것은 창의적 변화 가능성과 Y가 스스로 내적 에너지를 생성해 가는 것으로 보였다.

④ 4회기: 전분가루 조형놀이

안정된 미소와 목소리 톤으로 치료사에게 인사하고 착석한 후 의욕적으로 이번 회기의 프로그램 주제를 물으며 안정적인 눈 맞춤을 하였다.

쟁반과 전분 가루를 준비하자 환호하며 "와아 오늘은 눈 놀이해요?"라고 흥미를 보였고 차분한 클래식 음악과 함께 자유롭게 무언 놀이로 warm-up하자 매우 집중하며 적극적으로 손으로 전분 가루를 가지고 쟁반 위에서 조작하며 자유 드로잉을 하기 시작하였다.

이완작업으로 전분 가루로 놀이를 충분히 한 뒤 물과 물감으로 자유롭게 혼합하여 마블링 작업을 하였다. 연두색, 파란색, 빨간색, 갈색 등 다양한 색채를 선택한 뒤 자유롭게 혼합하고 연두색과 파란색을 만들었을 때는 손바닥을 찍고 싶다고 치료사에게 종이를 부탁하였고 종이 위에 매우 흥미롭고 역동적으로 자신의 손을 찍고 환호하였다.

〈그림 5-69〉 전분 마블링 작업　　〈그림 5-70〉 Y가 자발적으로 찍은 손바닥

매체에 대한 흥미를 보였으며 '매우 부드러워서 좋다'라고 표현하는 등 자신의 감정표현도 정확하게 여러 차례 하고 재료를 쓰거나 작업을 해 가는 과정이나 방식에도 눈치를 보지 않고 자발적이고 주도적인 태도로 전환한 회기로 Y가 내적 긴장에서 이완한 상태로 바뀌고 미술매체와 주어진 주제에 심층적으로 몰두하는 전환점이 되는 회기였다.

⑤ 5회기: 양초그림 그리기

매우 활기찬 태도로 정확한 시간에 치료실에 입실하여 치료사에게 호의적으로 인사하고 작업을 준비하였다.

치료사가 양초를 제시하자 '양초에 불을 켜면 불이 나 무서운 것이 아니냐?'라고 묻고 나서 치료사의 설명과 지지를 받은 후, 먼저 4절의 종이에 골고루 지시대로 양초의 촛농을 떨어뜨리며 '눈 내리는 것 같다'라며 즐거워하였다.

치료사와 Y가 상의하여 '눈 내리는 마을'을 표현하자고 주제를 정하고 매우 적극적인 태도로 사인펜을 골라 밑그림을 그린 뒤, 거침없이 생각나는 소재들을 그려 나갔다. 종이와 맞게 각각 큼직한 형태의 건물과 나무, 자동차들과 사람이 있는 거리, 마을에 있는 산 등을 그렸고 채색도 비교적 자유롭고 다채로운 물감채색으로 하였고 작품을 한 뒤, 아동은 매우 만족스러워하였고 작품을 집으로 가지고 가고 싶다며 작품에 애착을 보였다.

〈그림 5-71〉 Y의 양초그림 '눈 내리는 마을'

⑥ 6회기: 엄마와 함께 마블링 물감 놀이하기

Y와 어머니의 소통과 체험의 계기를 마련하고자 어머니의 동의를 구하여 어머니가 참석한 가운데 회기가 진행되었다.

아동은 평소보다 조금 더 안정적이고 활기찬 모습으로 "오늘 엄마도 같이 해요?"라고 적극적으로 물으며 환한 표정을 지었다. 4절의 흰 종이에 치료사가 제시한 마블링 물감으로 엄마와 아동이 같이 색깔을 고르고 팔레트에 짜서 원하는 색을 만든 다음 물을 칠해 놓은 종이 위에 번지게 하였다.

엄마와 아이가 동시에 "와아……" 하며 소리를 내었고, Y가 조금 더 물감이 번지기를 원하자 어머니가 종이를 서로 마주 잡고 기울여 보자고 제의하시며 조심스럽고 흥미롭게 물감의 번짐을 만들어 갔다.

번진 마블링 물감 위에 Y가 돌가루를 뿌려서 추가로 표현하였고 어머니는 파란색 모래가루를 고르고 자신이 고른 것도 뿌려 달라고 Y에게 요청하였다. 아동은 웃으며 흥미롭게 어머니가 고른 재료를 추가하여 표현하였고 치료사가 '돌가루와 모래가루는 까끌까끌하다'라고 말하자 비교적 정확한 발음으로 따라 하였다. 어머니도 치료사의 말을 따라 하시며 두 차례 더 반복하여 아동과 정확한 말로 대화하셨다.

마블링 번지기를 한 후 아동이 한 장의 마블링을 더 하자는 치료사의 제의에 "선생님 저번 시간에 쓰고 싶었던 재료(천사점토)로 만들어도 돼요?"라고 정확하고 큰 목소리로 질문하였다. 이에 치료사가 승낙하였고 치료사는 어머니와 아동이 서로 손 모양을 본떠 준 후 점토를 이용하여 만들어 보자고 권유하였다.

어머니가 먼저 아동의 양손을 사인펜으로 본떠 주고, 다음으로 아동이 어머니의 손 모양을 본떴다. 어머니가 도와서 아동의 손 모양에 맞추어 지점토를 붙였고 치료사가 지점토의 이름을 상기시켜 준 후, '지점토는 말랑말랑하다'라고 하자 잘 따라 말하였고 아동이 손바닥 위에 물감을 칠하고 돌가루를 뿌려 완성하고 싶다고 하자 승낙하였다. 완성된 점토로 만든 손을 보며 어머니가 "참 잘했네, 우리 ○○이!"라고 격려해 주시며 훈훈하게 회기를 마무리하였다.

어머니와 Y가 함께 한 회기여서인지 아동은 한층 더 적극적이고 활달한 모습을 보였다. 초기에 비하여 자신감과 활기가 넘치는 모습을 보이고 미술작품을 하는 과정에서도 자발적이고 창의적으로 매체를 다루고 작품의 완성도도 높아져 좀 더 눈에 띄는 성취감을 느끼는 양상을 보였다.

〈그림 5-72〉 Y와 어머니의 공동 마블링 작품

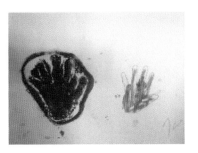

〈그림 5-73〉 Y와 어머니의 손

어머니는 피곤한 표정으로 미술활동에서 다소 소극적인 태도를 보이셨고, 물감을 짜거나 쓰고 난 재료를 처리할 때 툭툭 소리 나게 던지는 모습에서는 신체적으로 피곤함과 심적인 스트레스가 내재해 있는 것으로 보여 Y에게 평소 부드럽고 자상하게 대해 주시기가 힘든 상태임을 짐작하게 하였으나 회기 중 몇 가지의 재료의 특성에 관련된 문장을 아동에게 따라 하도록 표현하게 하는 과정에서는 적극적으로 반복시키는 열의를 보이셨고 향후 미술치료에 참여할 의사도 밝혔다.

⑦ 7회기: 낙엽 풍경화

〈그림 5-74〉 Y의 낙엽풍경화

회기에 늦지 않고 치료실에 들어와 밝은 표정으로 인사를 한 후, "오늘은 무엇해요?"라고 물으며 착석하였고 치료사가 아동에게 낙엽을 제시하자 호기심을 보이며 나무가 생각난다며 만들고 싶다고 하였다.

Y는 역시 큰 화지를 선택하여 밑그림으로 나무 기둥, 길, 흙, 하늘 집을 표현한 뒤 나뭇잎으로 나무를 풍성하게 꾸며서 표현하였다. 작업에 매우 몰두하였으며 모래와 파스텔, 색 지점토로는 길을 반짝이 풀로는 집, 물감으로는 하늘, 파스텔과 사인펜으로는 나무를 표현하는 등 전체적인 공간 구성이나 소재와 주제의 표현도 조화롭고 풍요롭게 이루어졌으며, 매우 다양한 매체를 선택하고 능숙하게 다루었다.

작업을 마친 후 기분을 묻자 "너무 멋있어요. 진짜 나무 같아서 메뻐요"라고 큰 소리로 말하며 좋아하였다. 치료사가 '메쁘다'가 아니라 '예쁘다'라고 수정해 주자 또박또박하게 따라 하며 고쳐 말하였다. 그러고 나서 모레와 밀가루의 느낌을 표현해 보라고 하자 '까끌까끌하다'와 '부드럽고 가볍다'라고 정확하게 배운 대로 표현하였고(미술 치료 회기를 통하여 매체를 다루며 학습한 표현), 마지막으로는 밀가루를 이용하여 뿌리고 싶다고 하여 허락하자 눈이 내리는 것 같다며 매우 좋아하였고 치료사의 기분은 어떤지 질문하기도 하였다. 회기를 종료하면서 Y가 집으로 자신의 작품을 가져갈 것을 원하여 허락하였다.

아동은 그 어느 회기보다 활기차고 에너지 넘치는 모습을 보이며 재료의 선택이나 미술활동 모두 자발적인 태도를 보였다. 또한 자신의 작품에 매우 만족하며 소감을 이야기할 뿐 아니라 치료사에게도 자신의 작품을 본 소감을 묻는 등 자신의 의사와 감정 표현에도 상당히 적극적인 모습으로 변화하고 있고 무엇보다 제시된 매체에 당황하지 않으며 여유롭고 주제에 적절한 작업을 할 수 있게 된 것도 큰 변화로 보인다.

⑧ 8회기: 밀가루 풀 조형작업

약 10분쯤 늦어 분주한 모습으로 치료실에 들어와 착석하고 회기 주제에 대해 호기심을 보이며 전 회기와 같은 질문을 하였다. 상자 등 재활용 재료와 밀가루, 밀가루 풀, 물감을 보여 주자 환성을 지르며 "와아, 오늘도 물감이랑 밀가루 써도 돼요?"라고 물었고 치료사가 수긍하자 머뭇거림 없이 준비된 밀가루를 손으로 만지작거리며 전에 했던 전분 가루를 기억하며 비슷한 느낌이라며 비교하기도 하였다.

한참을 "야아, 느낌이 부드러워서 좋다!"라고 반복하며 말하고 이어 파란색 물감을 골라 물과 밀가루 풀을 섞어 준비된 용기에 넣어 섞는 작업에 몰두하며 흥미진진해 하였다. 파란색 밀가루 풀을 만든 후 물고기 모양의 스티로폼 용기를 골라 바르는 작업을 하며 '바다'라고 말하며 수수깡을 가지고 덧붙여 꾸몄다. 이어서 상자를 고른 뒤, 남색과 파란색 물감을 밀가루 풀에 섞는 작업을 하여 상자 위에 백 붓으로 여러 번 겹쳐 칠한 후 "야아 예쁘다. 선생님 멋있지요?"라고 물으며 만족스러워하였다. 잠시 다른 재료들을 찾아보며 수수깡을 골라 손으로 자른 후 상자 상단과 하단에 붙이고 "차도…… 아니 횡단보

〈그림 5-75〉 '바다'        〈그림 5-76〉 '횡단보도'

도예요"라고 하며 그 사이에는 나무젓가락으로 긁어서 자동차와 버스를 그려 넣었다.

이번 회기에도 매체에 흥미진진한 태도를 보였고 미술작업 자체를 즐기며 자신의 내면 에너지를 마음껏 표현하는 모습은, 초기 눈치를 보며 소극적으로 재료를 선택하고 조작하던 모습과는 매우 다른, 변화된 태도라고 할 수 있겠다.

또한 매체를 다루는 스킬(skill)도 능숙해진 모습으로 작업의 속도도 빨라지고 작업하는 양과 수도 증가하여 주어진 시간 안에 충분히 치료사의 지시에 따르면서도 자신 내면의 정서와 의도를 적절하게 표현하는 양상을 볼 수 있다.

다른 한편으로 아직은 미숙하지만 치료사가 회기 내 매체나 주제를 통하여 인지적으로 지시해 주는 단어나 문장 등을 전 회기들에 비하여 비교적 명확하게 기억하고 자주 사용하는 태도도 보여 주었다.

⑨ 9회기: 비지시적 혼합매체 작업

치료실에 여느 때처럼 밝은 표정으로 들어와 인사를 하고 착석하였다. 치료사가 아동에게 미리 준비해 둔 재료들을 제시하며 오늘은 자유롭게 하고 싶은 것을 만들어 보자고 하자 흔쾌히 응하며 "아무거나 ○○이가 만들고 싶은 것 만들면 되지요?"라고 확인한 후 먼저 반짝이와 물감을 선택하고 크고 작은 상자 4개를 골랐다.

종이 위에 물감과 반짝이 풀을 섞어 무언가 만든 후, 상자 위에는 지난 회기 쓰고 남은 풀을 가지고 칠하기 시작하였다. 첫 번째 상자 위에는 빨간색 밀가루 풀을 손으로 칠한 후, 종이에 만들어 놓은 모양을 오려 붙이고, 두 번째 상자 위에는 파란색과 밀가루 풀을 섞어

두툼하게 칠한 후 빨간 색종이에 반짝이 풀로 장식한 것을 오려서 붙였다. 쉬지 않고 연이어 세 번째 상자 위에는 보라색을 만들고 싶다고 하며 빨강과 파랑을 섞은 후, 밀가루 풀과 섞어 칠하고 연두색 색종이가 어울릴 거 같다며 색종이 위에 빨간색 반짝이 풀로 장식한 것을 오려서 붙이고는 "선생님 오늘도 ○○이 것 멋있지요?"라고 다소 상기된 채 자신의 작품에 만족해하는 의사를 표현하였다. 마지막으로 별 지체 없이 조금 크고 긴 상자를 골라 색종이, 수수깡 밀가루 풀, 반짝이 풀, 나무젓가락 등을 모두 사용하여 나무를 만들고 이름을 붙여 볼 것을 권유하자 잠시 생각한 뒤, '무지개색 나무들'이라고 답하였다. 회기 시간이 다 되어 작업 종료를 알리자 응하고 치료사와 같이 재료를 정리한 후, 회기를 마무리하였다.

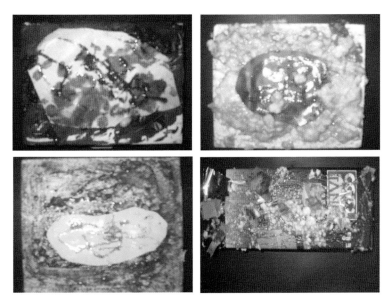

〈그림 5-77〉 위 왼쪽부터 시계방향으로 첫째, 둘째, 셋째, 넷째 작품

⑩ 10회기: 콜라주 작업

여느 때와 같이 밝은 표정으로 미술매체와 프로그램 주제에 관심을 가지며 치료사가 잡지와 혼합재료들을 선보이자 관심을 보였고, 콜라주에 대해 설명하자 유심히 들으며 몇 번을 반복하여 말하고, 즉흥적으로 폐잡지에서 Y가 선택하여 작품해 보자고 하자 수긍하고 작업에 집중하였다.

주방이 있는 이미지와 남녀(엄마와 아빠라고 함)가 있는 이미지를 조합하여 4절 화지에 붙이고 평소 자신이 좋아하는 반짝이 풀과 천사점토를 이용하여 덧붙여 입체감 있게 표현하고 자신의 집 주방이라고 하고 오른편의 남녀(엄마와 아빠)가 집에 들어와서 요리를 해 다같이 맛있게 먹을 것이라고 하고 즐거워하였다.

〈그림 5-78〉 콜라주 작품

⑪ 11회기: 거품 판화 그림

약 한 달 전부터 총 12회기의 프로그램 기간을 환기하고 종결을 고지하였고 11회기에는 식용 색소와 계란 흰자를 이용한 거품 판화 작업을 하였다.

치료사의 지시 없이도 주어진 미술매체를 가지고 자발적으로 조작하며 매우 역동적으로 작업에 임하였다. 먼저 주어진 큰 볼에 계란 흰자를 깨뜨려 거품기로 충분히 거품을 내고 식용 색소와 색깔 음료를 각각의 볼에 나눠 부어 거품과 함께 섞어 빨대를 이용하여 불어 부풀린 후, 준비된 한지에 치료사와 같이 잡고 찍어 묻어나는 자연스러운 문양과 형태 위에 수수깡과 물감, 크레파스로 덧그려 완성하였다.

Y는 녹색 계열을 형태에 나무를 연상하여 완성하고 '숲속'이라고 제목 붙였고 보라색 계열에는 '물방울'과 '연못', '우물'이라고 이름 붙이고 수수깡으로 돌을 표현하고 만족스러워하였다. 전체 제목을 '숲속의 연못'이라고 붙였다.

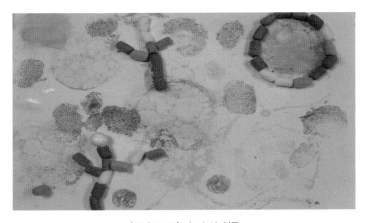

〈그림 5-79〉 숲 속의 연못

⑫ 12회기: 집-나무-사람(HTP)검사(사후검사)와 크리스마스트리 만들고 종결

치료사와 약속한 대로 종결이 다가와 그간의 작품을 회상하며 계절에 맞추어 크리스마스트리를 치료사와 Y가 협동하여 만들고 '즐거운 크리스마스'라고 제목 붙이고, 치료사는 작은 파일을 만들어 Y에게 작품집을 선물하였고 다과와 케이크를 마련하여 종결을 축하하고 작별하였다.

사후 HTP에서는 전체적으로 크기가 커지고 필압이 강해졌으며 나무의 형태도 튼튼한 기둥과 풍부한 수관이 생겨 Y가 미술치료 프로그램을 통하여 자아존중감을 고양하고 심리·정서적 안정과 함께 자기 에너지를 만든 것으로 분석된다.

집의 크기도 현저하게 커지고 창문과 출입문, 지붕이 모두 적절하게 표현돼 있어 Y가 가지고 있는 가정과 가족에 대한 친밀감과 안정감이 증가되고 애착 욕구도 커졌을 것으로 보인다. 또한 사람의 형태도 커지고 정상적인 남아(유아가 아닌)로 표현되어 자신의 신체상과 자아상에서도 정상적인 발달의 변화가 있는 것으로 분석되어 전반적

〈그림 5-80〉 집-나무-사람(HTP)

〈그림 5-81〉 즐거운 크리스마스

으로 미술치료 회기를 통하여 심리・정서적 안정감과 함께 자기에너지를 생성하고 자아존중감을 향상시킨 것으로 평가된다.

## 6) 결과

이 연구의 대상자는 미술치료 회기 동안 다음과 같은 변화를 보였다. 초기 약 1~8회기 동안 내담자는 자신이 선호하는 평면회화 작업과 밀가루와 전분 가루 등의 감각자극 매체를 통하여 자신의 감정을 발산하고, 위축되고 불안한 정서를 충분히 이완하였다. 이후 9회기부터 시작된 중기에는 치료사와 형성된 긍정적인 라포를 바탕으로 내담자는 계속하여 정서를 이완, 발산하고 감각을 자극하는 데 효과적인 밀가루 풀과 혼합재료, 비누거품, 지점토를 많이 선호하는 양상을 보였고, 그 밖의 색종이나 물감, 수수깡 등 다양한 매체에도 관심을 보이며 흥미를 보이며 작업에 일관적으로 몰두하는 태도를 보였다.

이 과정에서 내담자는 미술작업을 통하여 얻어진 미술작품으로 성취감을 느끼고 집중력이 향상되는 양상을 보였으며, 미술치료 회기마다 치료사와 대화하는 빈도가 현저하게 늘고 치료사가 회기 도중 미술의 매체나 주제, 소재, 내용 등을 이야기하며 학습해 준 어휘와 문장도 상당 부분 기억하여 또렷하고 큰 목소리로 이야기하는 등의 긍정적인 변화를 보였다. 이는 전반적으로 미술치료 회기를 통하여 내담자의 정서가 안정되고 자아존중감을 향상시켰다고 볼 수 있다.

무엇보다 미술치료 종결 후 3개월 동안 주 1회의 지속적인 추후 부모 상담을 통하여 가족에게 분노감정을 폭발하는 일이 사라지고 학교에서 동년배의 또래와 어울리며 관계하게 되었으며 미술치료와 병행한 한글과 수학 학습도 효과가 있어 학교생활과 학습에 동기가 높아진 것을 확인할 수 있었다.

이에 따라 본 연구는 다음과 같은 결론을 얻게 되었다.

첫째, 개인미술치료 프로그램이 정서적으로 불안정한 다문화 가족 자녀의 정서적 안정에 긍정적 영향을 미친다.

둘째, 개인미술치료 프로그램이 다문화 가족 자녀의 가정과 학교생활 내 부적응 문제 감소에 긍정적 영향을 미친다.

# 참고문헌

권석만(2003), 『현대이상심리학』, 서울: 학지사.

김경희(2007), 『아동과 청소년의 이상심리학』, 서울: 박영사.

김복수 · 은기수 외(2011), 『한국의 다문화상황과 사회통합』, 서울: 한국학중앙
　　연구원.

김연희 · 최승희 외(2008), 『다문화 가족복지론』, 서울: 양서원.

김이선(2008), 『다문화사회로의 이행을 위한 문화정책 현황과 발전방향』, 서
　　울: 한국여성정책연구원.

김정숙 · 신지혜 · 손윤경(2009), 『아동미술치료의 이론과 실제』, 서울: 교문사.

남복현(2010), 『다문화 가족의 이해』, 서울: 장서원.

류종훈(2004), 『최신정신건강론』, 서울: 청목출판사.

문화콘텐츠기술연구원(2008), 『다문화연구 2008』, 서울: 문화콘텐츠기술연구
　　원 편집부.

문화콘텐츠기술연구원(2009), 『다문화의 이해』, 서울: 경진.

박신자 · 박윤미(2011), 『최신미술치료핸드북』, 서울: 이담출판사.

　　　　　　　(2011), 『청소년을 위한 미술치료의 이해와 적용』, 서울: 이담
　　출판사.

송명자(2001), 『발달심리학』, 서울: 학지사.

신민섭(2009), 『그림을 통한 아동의 진단과 이해』, 서울: 학지사.

양광희 · 김시현 외(2001), 『노인건강관리의 실제와 전망』, 서울: 수문사.

오경석(2009), 『한국에서의 다문화주의』, 서울: 한울아카데미.

옥금자(2005), 『미술치료 평가방법의 이론과 실제』, 서울: 하나의학사.

유네스코아시아 태평양 국제이해교육원(2010), 『다문화사회의 이해』, 서울: 동녘.

윤경혁(2005), 『다문화연보』, 서울: 홍익재.

이근매(2010), 『미술치료 이론과 실제』, 서울: 양서원.

이근매 · 이상진 · 평택대학교다문화가족지원센터(2007), 『다문화 가족 미술치
　　료』, 서울: 양서원.

이근매 · 조용태(2008), 『다문화 가족 행동치료』, 서울: 양서원.

이인정 · 최해경(2003), 『인간행동과 사회환경』, 서울: 나남출판.

정여주(2005), 『미술치료의 이해』, 서울: 학지사.

　　　(2009), 『만다라그리기: 성인 편 세트』, 서울: 학지사.

주리애(2000), 『미술치료는 마술치료』, 서울: 학지사.

최경숙(2000), 『발달심리학-아동·청소년기』, 사울: 교문사.

한국미술치료학회(1997), 『미술치료의 이론과 실제』, 대구: 동아문화사.

전국다문화 가족 실태조사(국가승인통계 제11779호, 2009), 국가복지정보센터 교육인적자원부 외.

Allen E. Ivey Paul B. Pe. 외, 김인규 외 역(2008), 『다문화 상담의 이론과 실제』, 서울: 태영출판사.

Arrington, Doris Banowsky. 2007. Art, angst, and trauma: right brain interventions with developmental issues, Springfield: Charles C. Thomas Pub.

Buck, J. (1948). The H-T-P technique: A qualitativ scoring manual, Journal of Clinical Psychology.

Buck, J. (1966). The House-Tree-Person technique: Revise manual, Los Angles: Western Psychological Service.

DAVID SUE DERALD WIN. 저, 김태호 외 역(2011), 『다문화 상담(FIFTH EDITON)』, 서울: 학지사.

DERALD WING SUE 저, 이은주 역(2010), 『다문화사회복지실천』, 서울: 학지사.

Deanna S. Pledge.(2005), 『아동 및 청소년 상담』, 서울: 시그마프레스.

D.E.PAPALIA 외, 정옥분 역(1992), 『인간발달 II』, 서울: 교육과학사.

Duffy, Michael. (1999), Handbook of counseling and psychotherapy with older adults Handbook of counseling and psychotherapy with older adults, New York: John Wiley.

Evans, Kathy, Dubowski, Janek. (2001), Art therapy with children on the autistic spectrum: beyond words, London: Jessica Kingsley Pub.

Firestein, S. (1974). Termination of psychoanalysis of Adults: A review of the Literature. Journal of American Psychoanalytic Association, 22.

Hammer, E. F. (1969). Hierachical orgnization of personality and the H.T.P, achromatic and chromatic. In Buck, J. N. & Hammer, E. F. (Eds.), Advances in House-Tree-Person Techniques: Variations and applications, Los Angeles: Western Psychological Services.

Hass-Cohen, Noah, Carr, Richard. (2008), Art therapy and clinical neuroscience. London: Jessica Kingsley Publishers.

IRVIN D. Yalom, 최혜림·장성숙 역(2001), 『최신집단정신치료의 이론과 실제』, 서울: 하나의학사.

J. Goodnow(1989), 『아동화 연구』, 서울: 교육과학사.

Judith Aron Rubin(2001), 김진숙 역, 『미술치료학 개론』, 서울: KEPER Press.

Kramer, Edith.(2007), 김현희 · 이동영 역, 『치료로서의 미술: 크레이머의 미술 치료』, 서울: 시그마프레스.

Leibowitz, M. (1999), Interpreting projective drawings, New York: brunner/Mazel.

Liebmann, M. (1986), Art Therapy For Groups. Brookline, Massachuetts: Brooklone Books.

Malchiodi. C. A. (2003), Hand book of art therapy, New York: Guiford Press.

Naumburg, M. (1953), Psychoneurotic Art: Its Function in Psychotherapy, New York: Grune & Stratton.

Noshpitz, Joseph D. (1997), Handbook of child and adolescent psychiatry. New York: Wiley.

Lowenfeld, V. (1959), The nature of creative activity, N. Y.: Macmillan Publishing Co.

Machover, C. (1980), Personality projection in the drawing of the Human Figure: A method of personality investigation, Chales C. Thomas Pub.

Malchiodi. C. A. (2003), The Art Therapy Source Book: Art Marking for personal Growth, Insight and Transformation, New York: Guiford Press.

Malchiodi. C. A. (2003), Hand book of art therapy, New York: Guiford Press.

Robert C.(1995), 『아동이 그린 가족화 분석』, 서울: 교문사.

박신자

동국대학교 대학원 서양화 전공 미술학 박사 수료
동국대학교 대학원 미술치료 전공 예술치료학 석사
동국대학교 대학원 서양화 전공 미술학 석사
서울여자대학교 미술대학 서양화과 졸업

KACAT 대한임상미술치료학회 임상미술치료사 1급
KAMHI 한국통합미술정신건강학회 통합미술치료전문가
Munich, Institute of Dr. Schmeer, 독일 뮌헨 슈메어미술치료연구소 연수
Hochschule fur Bildende Kunste Dresden, 독일 드레스덴 미술치료대학원 연수

현) 한성대학교 디자인아트교육원 미술심리지도사과정 전담교수
    광주여자대학교 제약향장학과 색채학·색채심리 외래교수
    한성대학교 국제대학원 중독재활치료학과 미술치료 강사
    전북과학대학 조형예술복지계열 미술치료 외래교수
    이젠커뮤니케이션 아동복지과 미술치료 강사
    한국조형예술심리학회 부회장
    숲미술심리클리닉센터 원장

주요 경력
한국통합미술정신건강학회(현 한국조형예술심리학회) 회장
동국대학교 문화예술대학원 예술치료학과 미술치료 강사
청암예술학교 환경원예디자인과 미술치료 겸임교수
YTN, MBC, SBS '세상에서 가장 아름다운 여행' 외 미술치료 관련 방송출연 다수
숲미술심리상담소, 서울시립아동보호센터, 발달센터 참잘크는아이,
우리학습심리클리닉, 강남노인복지회관, 수원 우만초, 안성 가온고,
고창군 정신보건센터·다문화이주여성지원센터·드림스타트, 성내지역아동보호센터,
정읍시 정신보건센터, 정읍시 교육지청Wee센터, 남원시 교육지청Wee센터,
정읍시 노인종합복지센터, 정읍시 제일고·서초·북면초·보성초 미술치료사 외

주요 연구실적
저술『청소년을 위한 미술치료의 이해와 적용』(2011, 이담북스, 공저),『최신미술치료 핸드북』
    (2011, 이담북스, 공저)
논문「수채화를 활용한 집단미술치료가 노인의 삶의 질에 미치는 영향」외
전시| 해나 박 차차차!, 토포하우스, 서울, MiMi의 꿈, Gana Art Space 서울 외 개인전
    3회, 'NON PLUS ULTRA' 박사연합초대전 동덕 Art Gallery 그룹전 외 10회

## 다문화가족 미술치료의
## 이해와 적용

초 판 인 쇄 | 2011년 12월 5일
초 판 발 행 | 2011년 12월 5일

지 은 이 | 박신자
펴 낸 이 | 채종준
펴 낸 곳 | 한국학술정보㈜
주　　소 | 경기도 파주시 문발동 파주출판문화정보산업단지 513-5
전　　화 | 031) 908-3181(대표)
팩　　스 | 031) 908-3189
홈 페 이 지 | http://ebook.kstudy.com
E-mail | 출판사업부 publish@kstudy.com
등　　록 | 제일산-115호(2000. 6. 19)

ISBN　978-89-268-2828-1 93370 (Paper Book)
　　　　978-89-268-2829-8 98370 (e-Book)